かんたん！とびだすカード

きって、折って、はるだけの
かんたんカードです。
オリジナルカードを
つくってみてください。

つくりかた
16〜18ページ

最初はぼくたちで練習してね

1 ふうせんねずみくん
つくりかた　20ページ

ふうせんもらって
うれしいなあ〜。

2 ゆきだるまユキちゃん
つくりかた　22ページ

たくさんとぶぞ〜

4 花とみつばちくん
つくりかた　26ページ

ブ〜ン

3 パラシュートぞうさん
つくりかた　24ページ

かんたん！とびだすカード

⑤ お月見うさぎちゃん
つくりかた 28ページ

⑥ ふわふわひつじちゃん
つくりかた 30ページ

⑦ 波のりペンギン
つくりかた 32ページ

イェ～イ！

ぼくだって波のりするよ。

⑧ トナカイさんのクリスマス
つくり方 34ページ

かんたん！とびだすカード

9 サーカス
ねずみくん
つくりかた 36ページ

じょうずだなあ。

10 とりかごの
ことりちゃん
つくりかた 38ページ

12 なわとび
くまちゃん
つくりかた 42ページ

JUMP!

11 すずめの
遠足
つくりかた 40ページ

おにぎりだ

かんたん！とびだすカード

⑰ ラッキー ねこちゃん
つくりかた　52ページ

⑲ くりひろい リスさん
つくりかた　56ページ

⑱ ぶらぶら モンキー
つくりかた　54ページ

開くカード

折って、のりではるだけの
カードです。
かんたんに、アレンジできます。

20 にこにこ
赤ちゃん
つくりかた　58ページ

21 南の島の
カモメさん
つくりかた　60ページ

アニマル集まれ！

23 食べすぎ注意！
ぶたさん
つくりかた　64ページ

オレが王様だ！
ガオー！

22 手ぶくろ
うさぎちゃん
つくりかた　62ページ

24 王様
ライオン
つくりかた　66ページ

かわいいミニカード

28 ティータイムカップちゃん
つくりかた 78ページ

29 クリスマス雪だるま
つくりかた 80ページ

30 かわいいおうち
つくりかた 82ページ

31 はたのあるおうち
つくりかた 84ページ

おじゃましま〜す。

32 ぷくぷくさかなちゃん
つくりかた 86ページ

33 月夜のねこちゃん
つくりかた 88ページ

34 ゆらゆらクリスマス
つくりかた 90ページ

36 ゆらゆら富士山
つくりかた 94ページ

35 ゆらゆらひよこ
つくりかた 92ページ

かんたん手づくり
ポップ アップ カード

シマダチカコ

目次

さいしょに読んでね。

- つくる前に読みましょう……10
- さあ、つくってみましょう……11
- 台紙のつくりかた　Aパターン……12
- 台紙のつくりかた　Bパターン……13
- 台紙のつくりかた　Cパターン……14
- 台紙のはりあわせかた……15

かんたんなカードで練習しましょう。
- ①ハッピーパンダちゃん……16
- ②ポカポカろうそくちゃん……17
- ③てまねきワンちゃん……18

カードのつくりかたと型紙
かんたん！　とびだすカード
1. ふうせんねずみくん……20
2. ゆきだるまユキちゃん……22
3. パラシュートぞうさん……24
4. 花とみつばちくん……26
5. お月見うさぎちゃん……28
6. ふわふわひつじちゃん……30
7. 波のりペンギン……32
8. トナカイさんのクリスマス……34
9. サーカスねずみくん……36
10. とりかごのことりちゃん……38
11. すずめの遠足……40
12. なわとびくまちゃん……42
13. じょうろちゃん……44
14. おねむのふくろうさん……46
15. 波のりカモメさん……48
16. がんばれ！　とびばこくん……50
17. ラッキーねこちゃん……52
18. ぶらぶらモンキー……54
19. くりひろいリスさん……56

開くカード
20. にこにこ赤ちゃん……58
21. 南の島のカモメさん……60

アニマル集まれ！
22. 手ぶくろうさぎちゃん……62
23. 食べすぎ注意！　ぶたさん……64
24. 王様ライオン……66

ぱくぱくカード
25. かわいいリンゴちゃん……70
26. ぱくぱくカバさん……72
27. ぱくぱくワニさん……74

かわいいミニカード
28. ティータイムカップちゃん……78
29. クリスマス雪だるま……80
30. かわいいおうち……82
31. はたのあるおうち……84
32. ぷくぷくさかなちゃん……86
33. 月夜のねこちゃん……88
34. ゆらゆらクリスマス……90
35. ゆらゆらひよこ……92
36. ゆらゆら富士山……94

つくってみてね。

つくる前に読みましょう

かわいいカードを自分でつくって、
お友だちに贈ってみませんか？
ありがとうの気持ちや、近況報告、パーティーや
発表会のお知らせなどなど……。
メッセージをかかないで名前だけかいてもいいよ。
じょうずにできなくてもいいんです。
手づくりだから、気持ちはいっぱい伝わるよ。

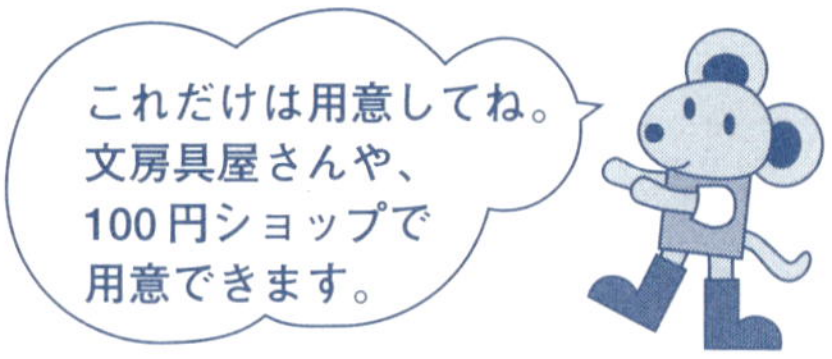

これだけは用意してね。
文房具屋さんや、
100円ショップで
用意できます。

カードをつくるのに必要な道具

色画用紙
文房具屋さんで売っている、ふつうの色画用紙をつかいます。色をたくさんつかいたいので、ブロックの色画用紙を用意するといいでしょう。

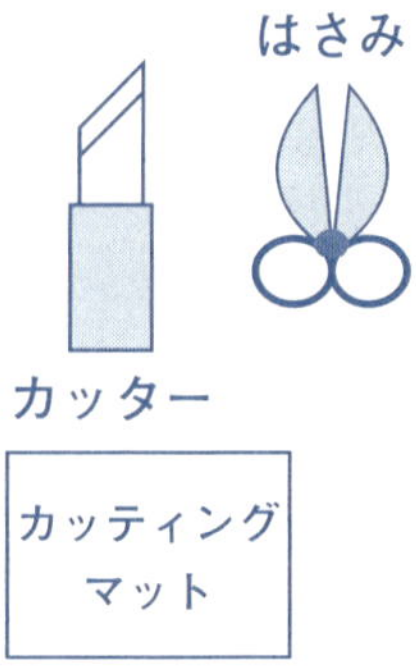

はさみとカッター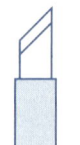
型紙をきったり、台紙にきりこみをいれたりするのにつかいます。カッターをつかうときは、下にカッティングマットかあつ紙をしきましょう。
＊カッティングマットはカッターマットともいいます。

のり
スティックのりがつかいやすいです。この本では紙にしわがつきにくいスティックのりをつかっていますが、チューブのりでもだいじょうぶです。

じょうぎ
カードの台紙をきるのに必要です。大きさをきちんとはかりましょう。

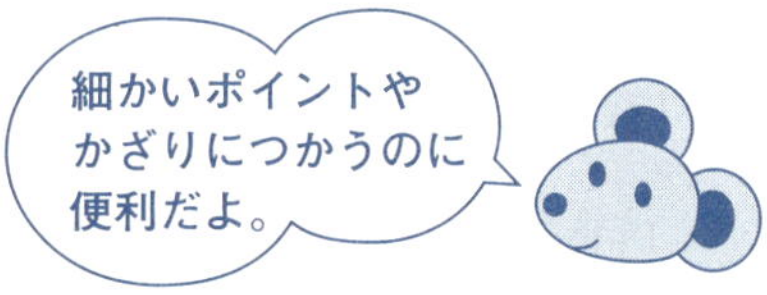

細かいポイントやかざりにつかうのに便利だよ。

あると便利な道具

ピンセット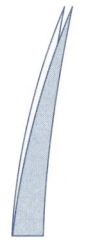
細かいパーツをあつかうのに便利です。

クラフトパンチ
☆型や、目の○などをきりぬくときに便利です。

シール
キラキラしたシールや目玉シールなど。
100円ショップにたくさんあります。

さあ、つくってみましょう

型紙のきりかた

1 型紙のページをコピーしてください。

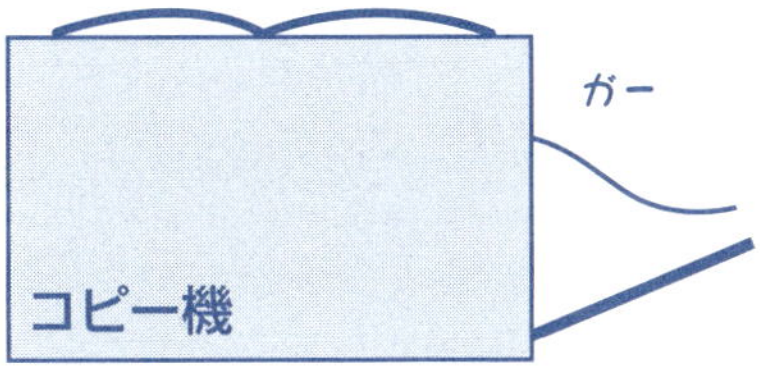

2 コピーした型紙を、型紙の線より少し大きくきりぬきます。

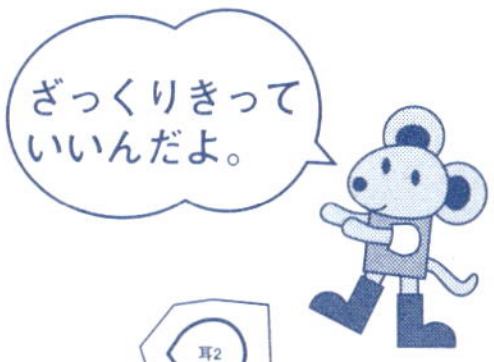

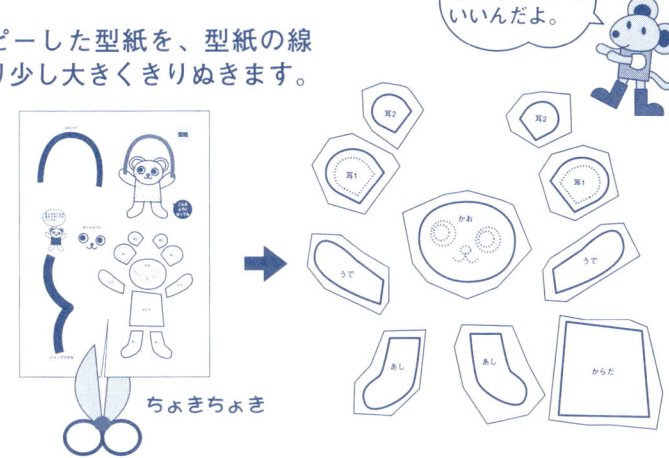

ちょきちょき

ざっくりきっていいんだよ。

3 色画用紙の上に型紙をおいていっしょにきります。

色画用紙

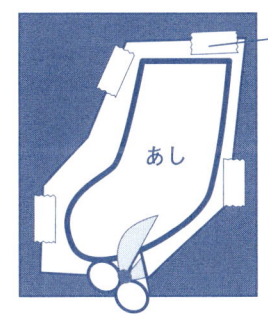

テープ

型紙が動いちゃうときは、テープではってもいいよ。

4 型紙のページの右上にあるイラストを参考に、はりあわせてください。

型紙

こんなふうにはってね

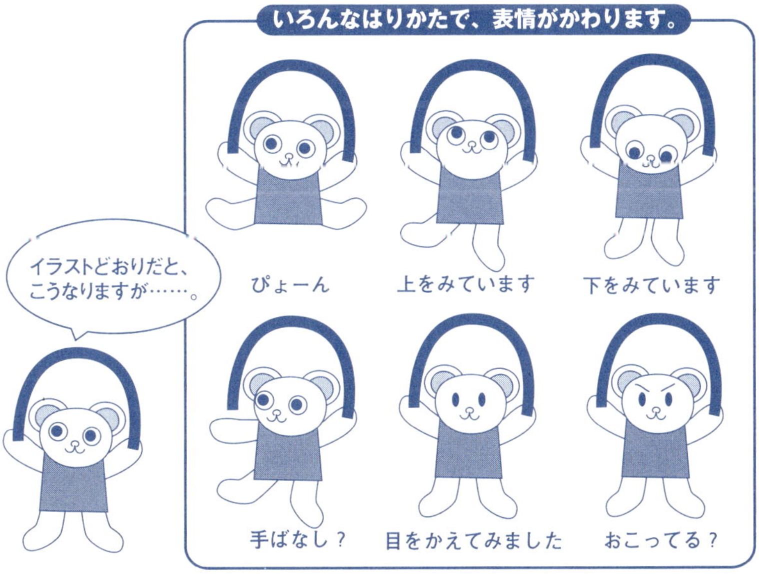

いろんなはりかたで、表情がかわります。

イラストどおりだと、こうなりますが……。

 ぴょーん

 上をみています

 下をみています

手ばなし？　目をかえてみました　おこってる？

台紙のつくりかた

内台紙と外台紙の2まいつくります。
主に内台紙がとびだす台紙になります。

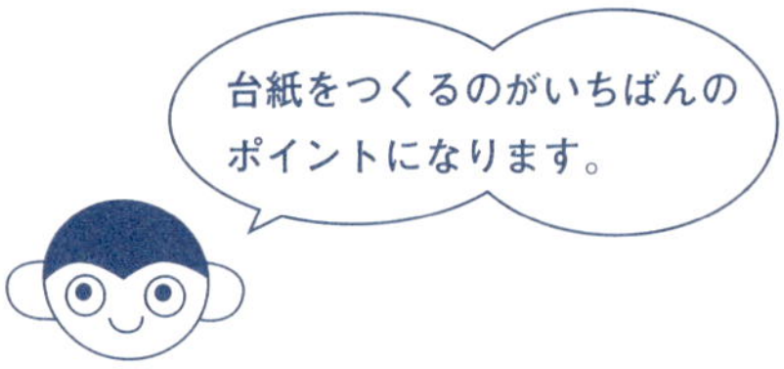

台紙をつくるのがいちばんのポイントになります。

Aパターン

1 内台紙を半分に折ります。

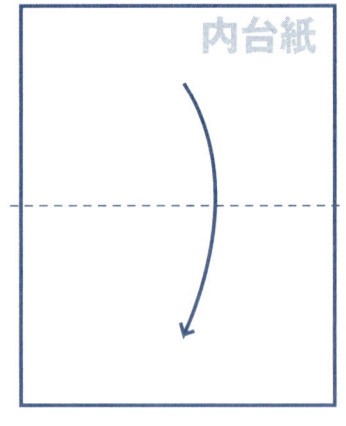

2 内台紙にきりこみをいれます。

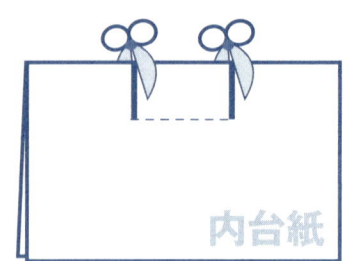

3 折りこんで折りめをつけます。

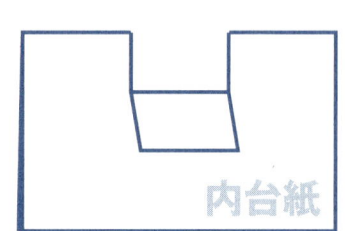

3 もとにもどします。

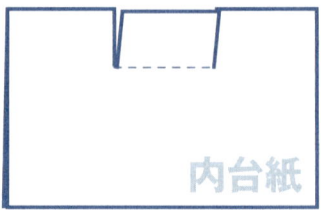

4 開いて、きりこみ部分を表に折りかえします。

5 もう一度折ります。

山折りします。

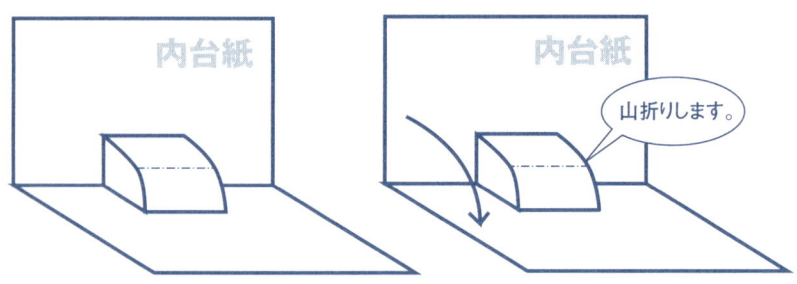

6 ぎゅーっと折りましょう。

7 開くと、とびだします。

イエ〜イ！

ここにパーツをはります。

Bパターン

1 内台紙を折る前に、きりこみをいれます。

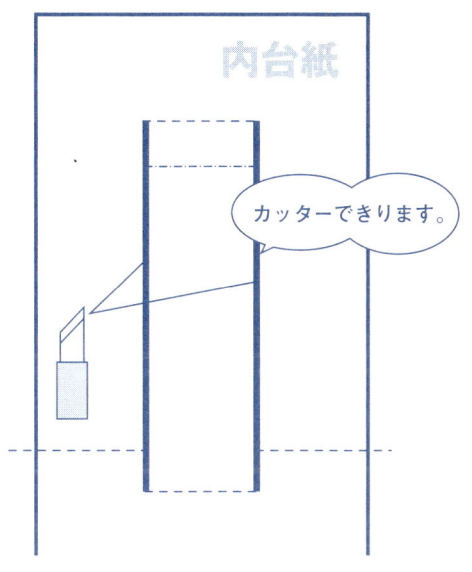

カッターできります。

2 山折り、谷折りの折りめにカッターの背でおりすじをつけます。

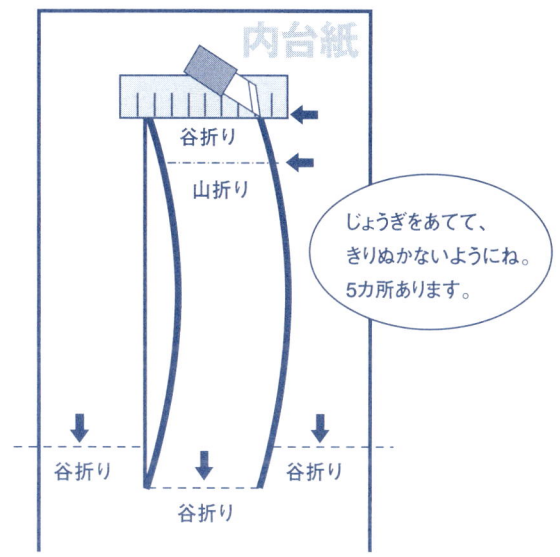

じょうぎをあてて、きりぬかないようにね。5カ所あります。

3 ①→②→③→④の順番で折りこみます。

4 ぎゅーっと折りましょう。

5 開くと、とびだします。

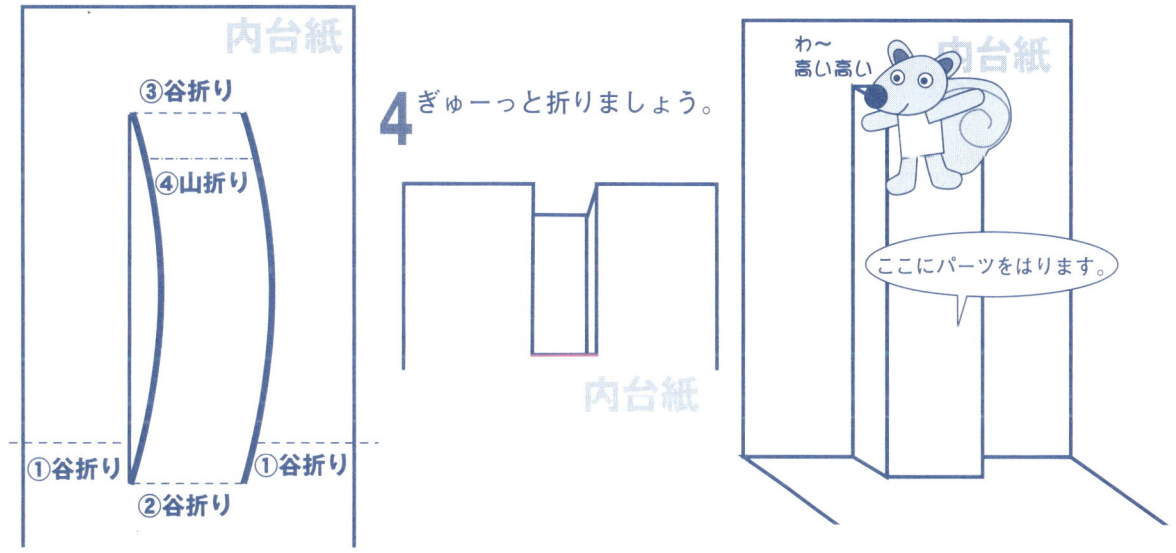

わ～ 高い高い

ここにパーツをはります。

Cパターン

1 内台紙を半分に折ります。

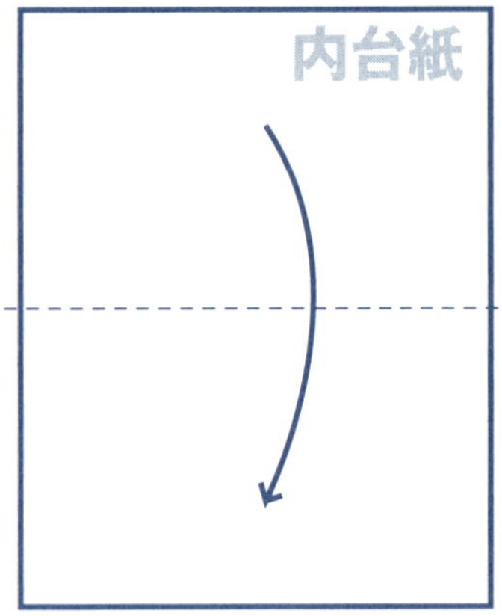

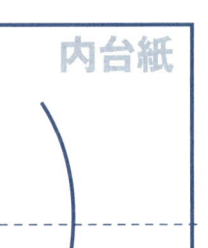

2 谷折りします。

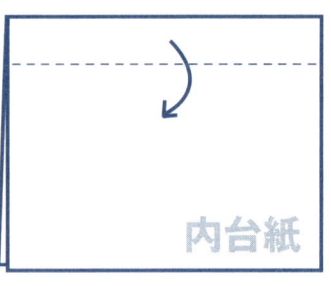

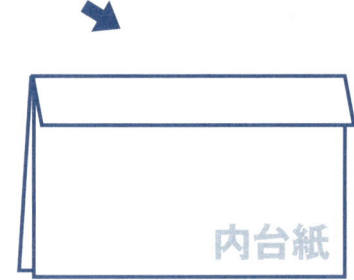

3 2を開いて、のりをつけてはります。

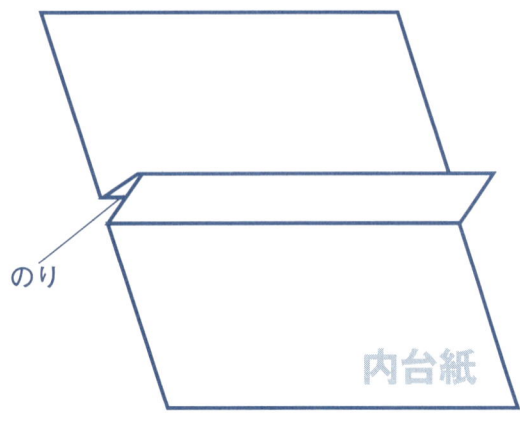

のり

4 とびだします。

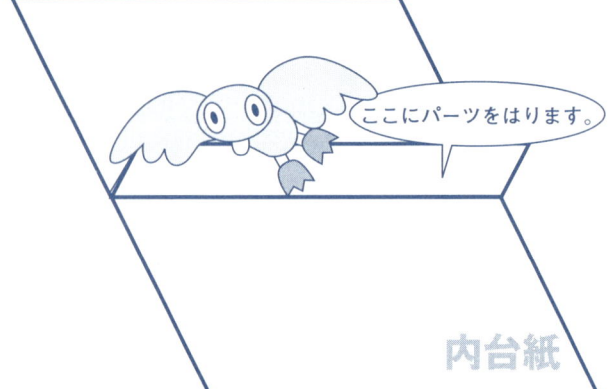

ここにパーツをはります。

台紙のはりあわせかた

内台紙と外台紙をはりあわせます。外台紙をはることで、カードがしっかりします。

1 内台紙にきりこみをいれ、半分に折ります。

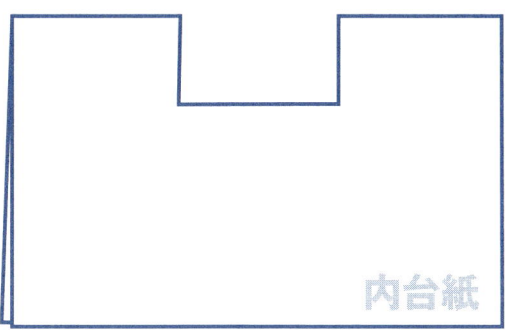

2 外台紙を用意します。半分に折って開きます。

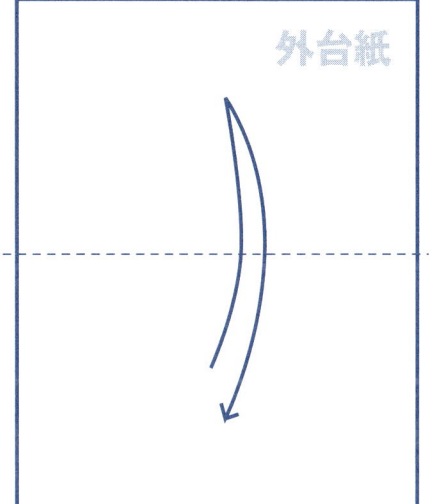

3 1の内台紙を外台紙の中心にあわせて片面をはります。

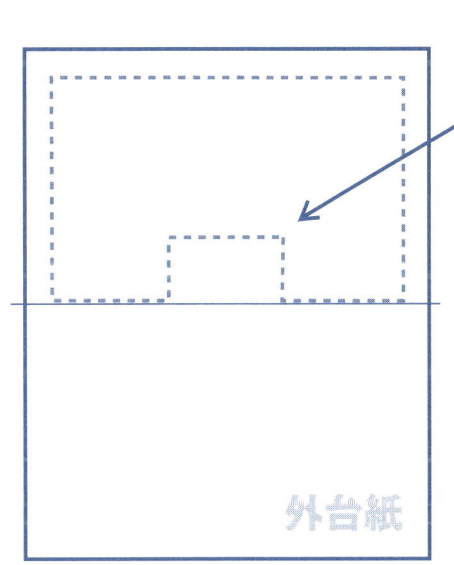

4 残りの面もはります。

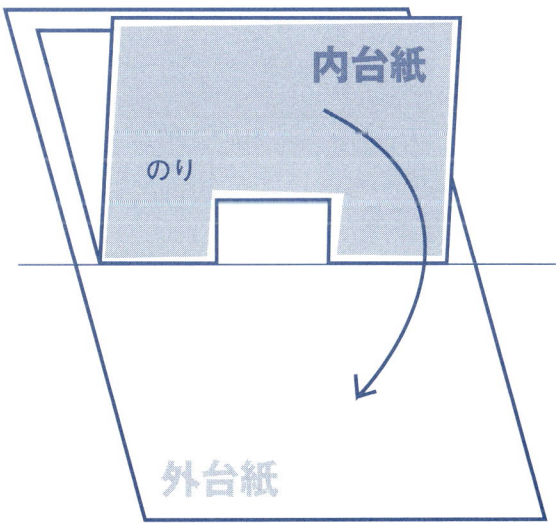

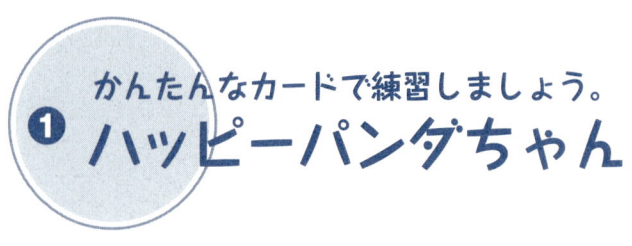

かんたんなカードで練習しましょう。

❶ ハッピーパンダちゃん

●Aパターン

7cm
13cm
外台紙
6cm
12cm
内台紙

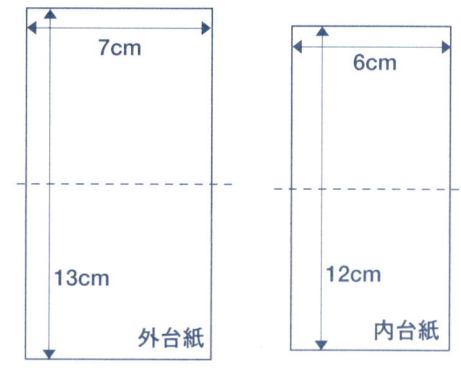

1.パーツをつくります。

1.パンダちゃんのかおをつくります。

2.耳をかおのうしろにはります。

3.からだをかおのうしろにはります。

4.手をはります。

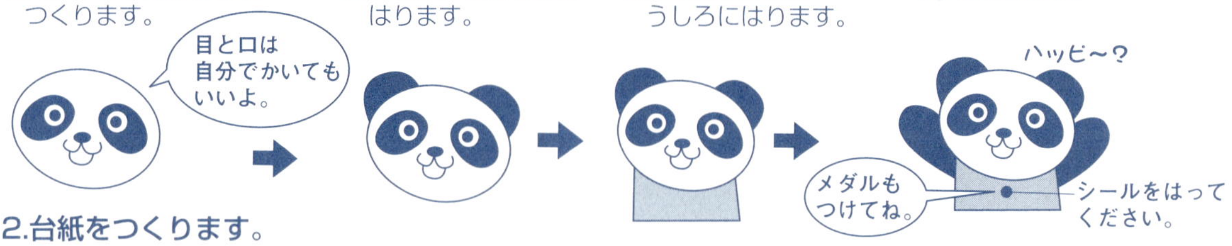

目と口は
自分でかいても
いいよ。
ハッピ～？
メダルも
つけてね。
シールをはって
ください。

2.台紙をつくります。

1.台紙を半分に折ってきりこみをいれます。

2.折りこみます。

3.開いてとびださせます。

2cm
2cm
2cm
1.5cm
内台紙
内台紙
内台紙

3.仕上げをします。

1.内台紙に外台紙をはりあわせます。

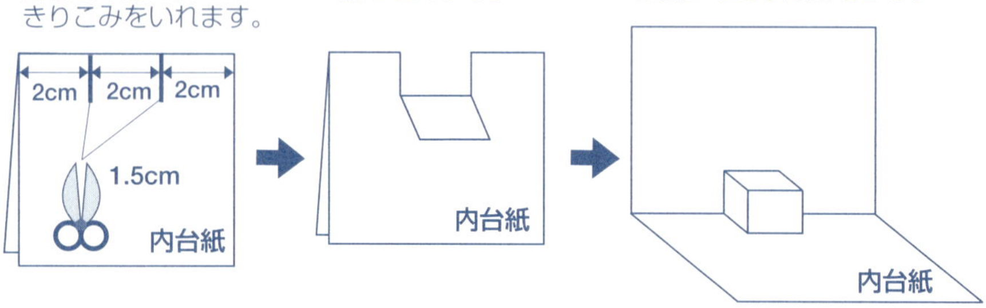

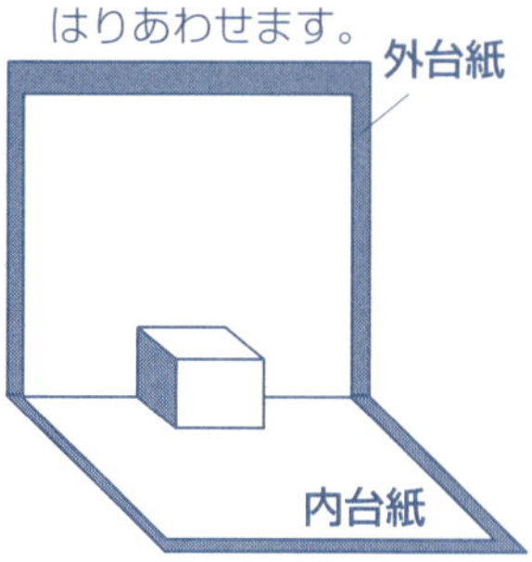

外台紙
内台紙

2.パンダちゃんをはります。

できあがり

目
目
耳
耳
かお
手
手
からだ
こんな
ふうに
はってね
型紙

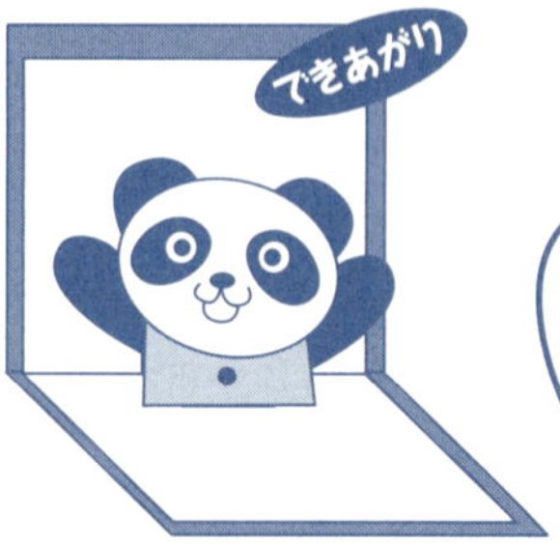

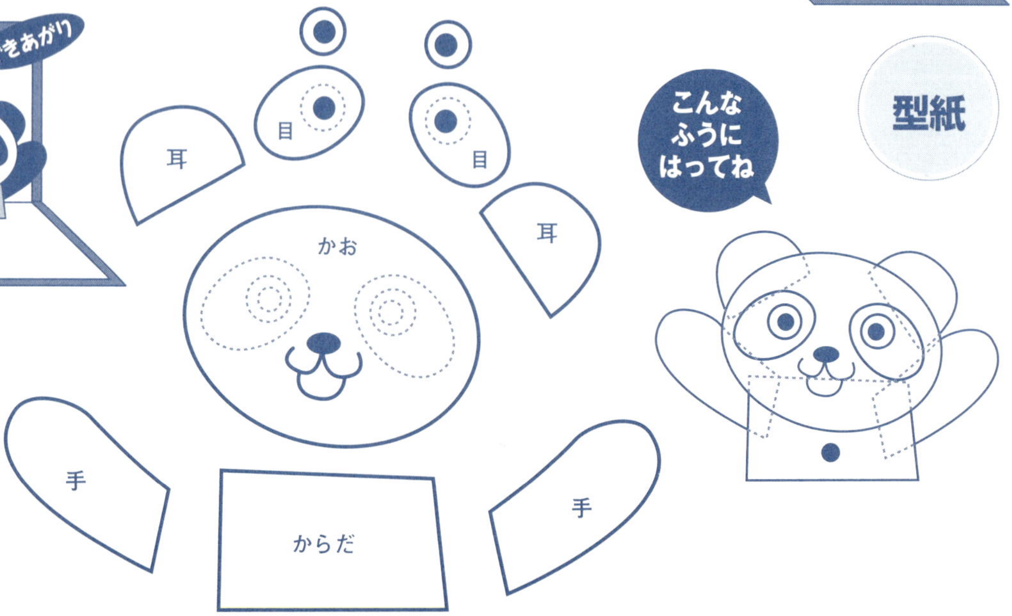

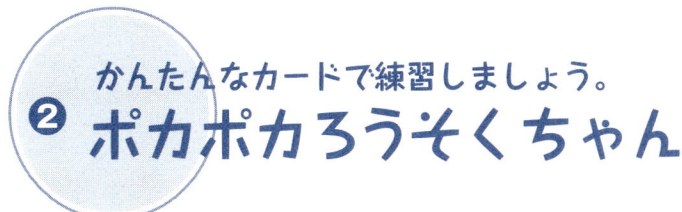

かんたんなカードで練習しましょう。
❷ ポカポカろうそくちゃん

●Aパターン

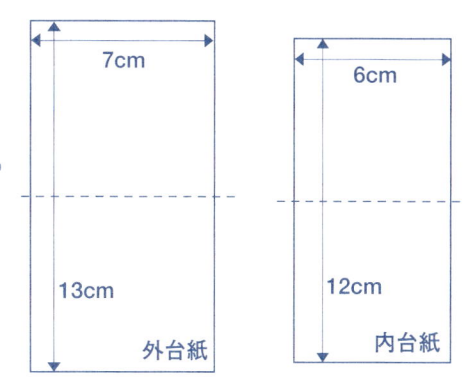

外台紙 7cm × 13cm
内台紙 6cm × 12cm

1.パーツをつくります。

1. ろうそくちゃんの かおを つくります。
   （目と口は自分でかいてもいいよ。）

2. ろうそくちゃんの 火をつくります

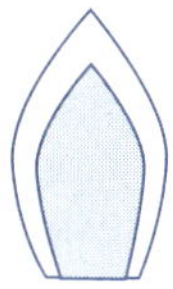

3. ろうそくちゃんの うしろに火をはります。

2.台紙をつくります。

1. 台紙を半分に折ってきりこみをいれます。
   2cm / 2cm / 2cm　1.5cm　内台紙

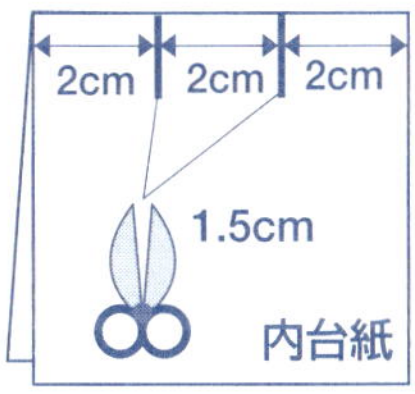

2. 折りこみます。 内台紙

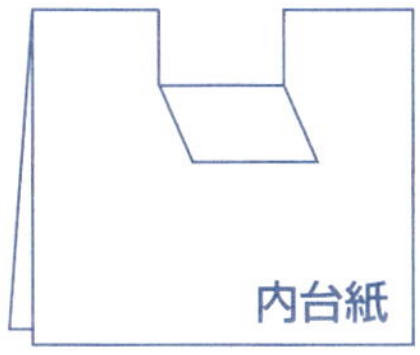

3. 開いてとびださせます。 内台紙

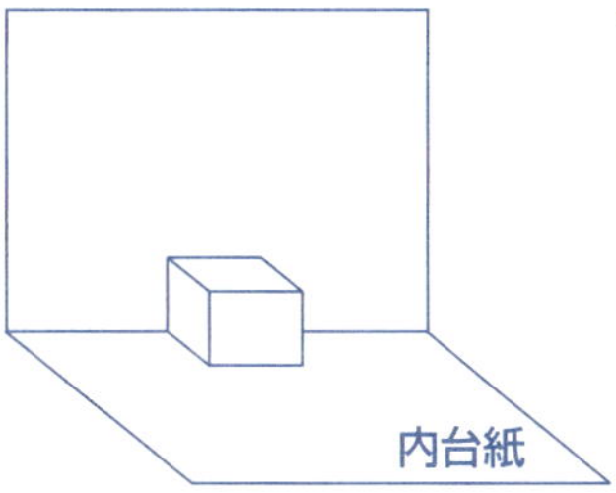

3.仕上げをします。

1. 内台紙に外台紙をはりあわせます。
   外台紙 / 内台紙
   内台紙にあかりをはります。

2. ろうそくちゃんをはります。
   できあがり

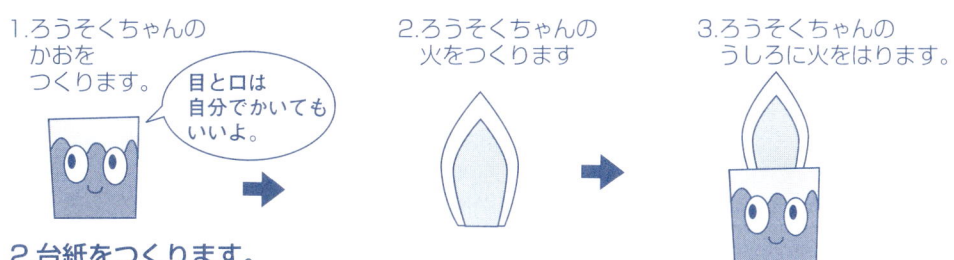

あかり

火 / 火

ろうそくちゃんのあたま

かお

目

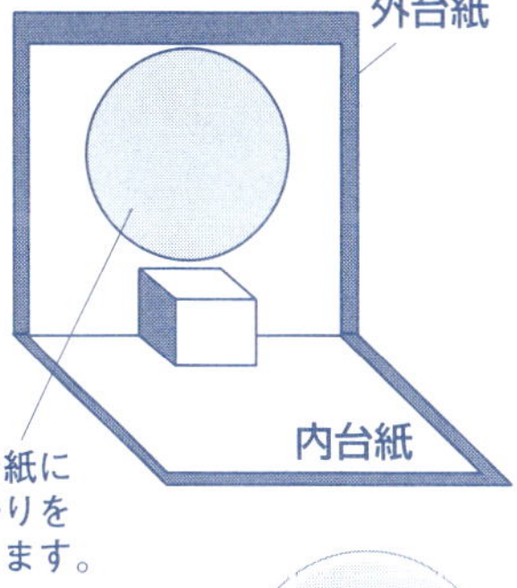

型紙

こんなふうにはってね

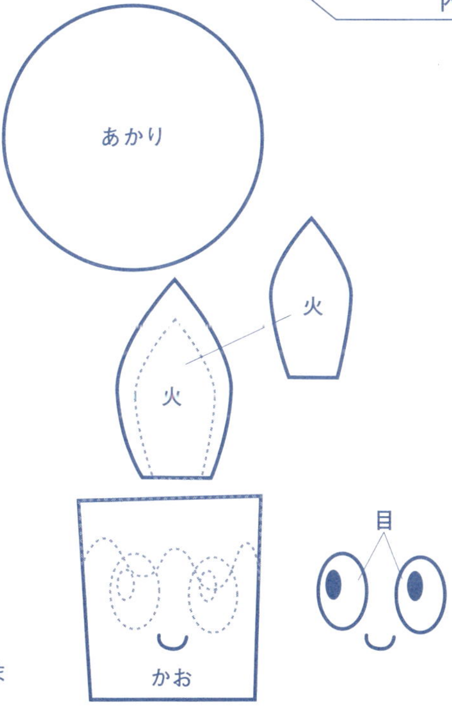

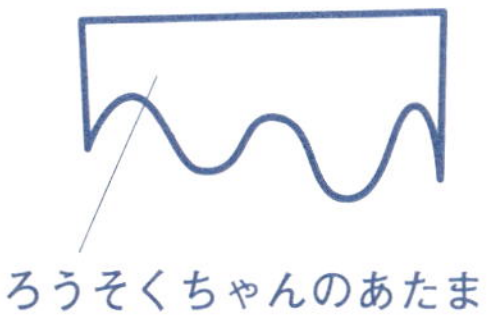

かんたんなカードで練習しましょう。

❸ てまねきワンちゃん

●Aパターン

7cm
13cm
外台紙
6cm
12cm
内台紙

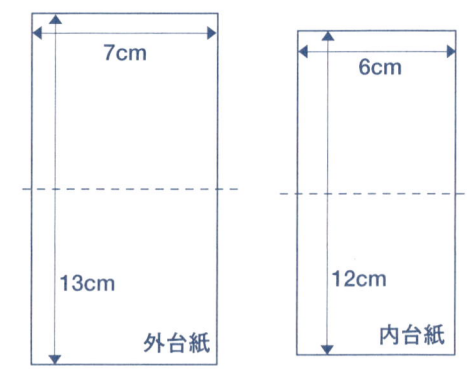

1.パーツをつくります。

1.ワンちゃんのかおをつくります。　2.耳をかおの前とうしろにはります。　3.手をかおのうしろにはります。　4.からだをはります。

目と口は自分でかいてね。
リボンもはってね。

2.台紙をつくります。

1.台紙を半分に折ってきりこみをいれます。　2.折りこみます。　3.開いてとびださせます。

2cm
2cm
2cm
1.5cm
内台紙
内台紙
内台紙

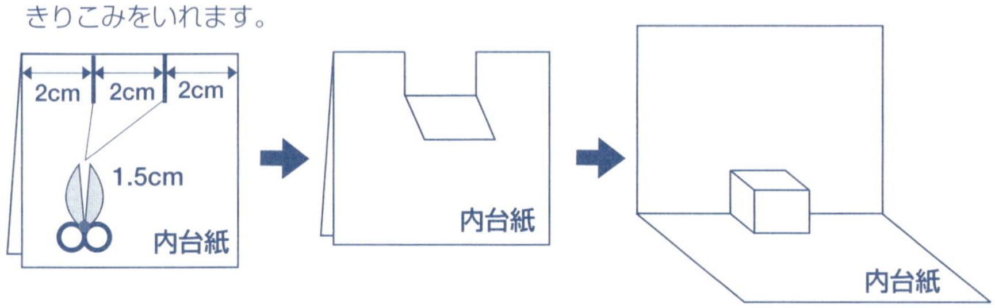

3.仕上げをします。

1.内台紙に外台紙をはりあわせます。

外台紙
内台紙

2.ワンちゃんをはります。

できあがり

型紙
こんなふうにはってね
リボン
手
耳
はな
かお
耳
からだ

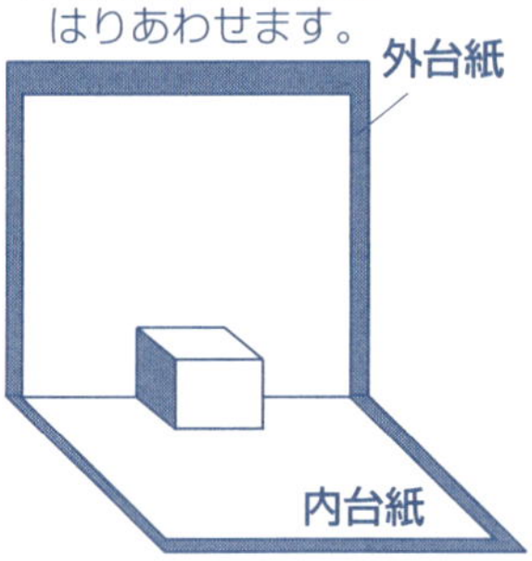

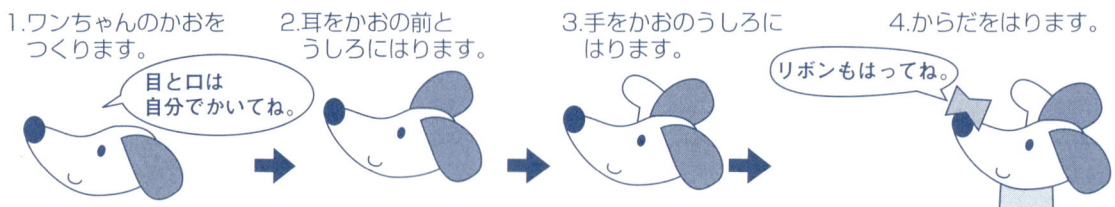

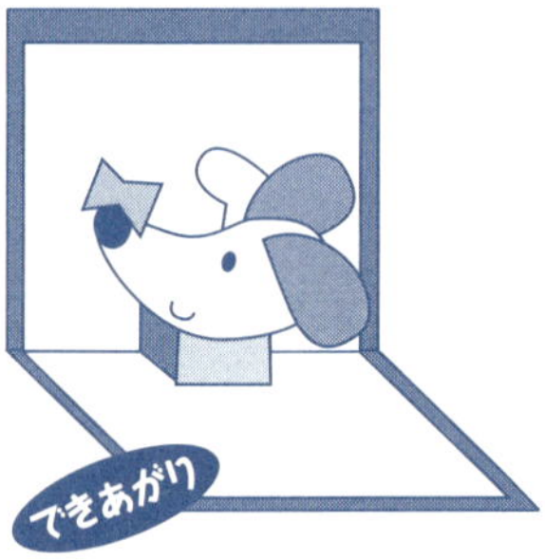

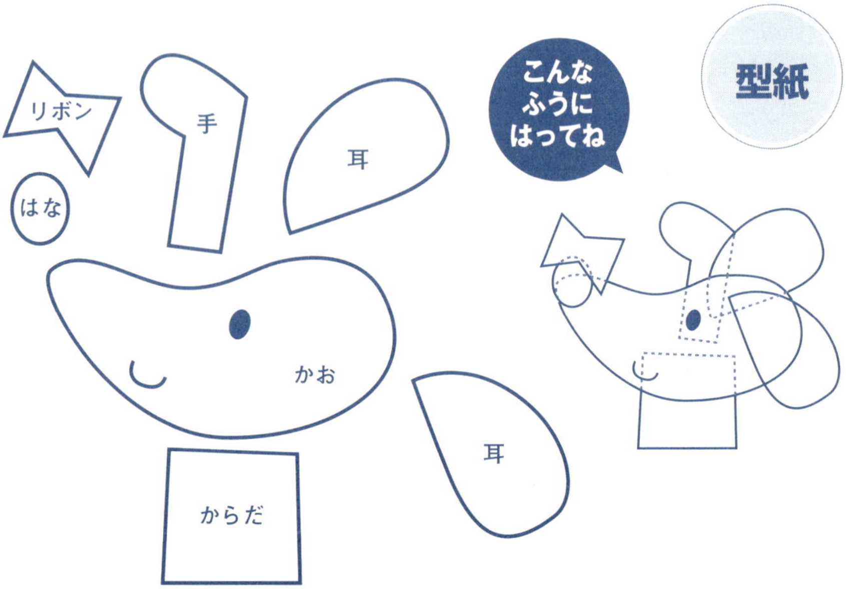

カードのつくりかた と 型紙

—·—·—·—·—
山折り

- - - - - - - - -
谷折り

―――――
切る

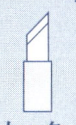 
カッター　はさみ

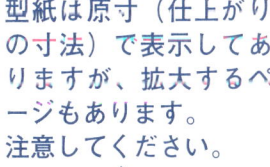

型紙は原寸（仕上がりの寸法）で表示してありますが、拡大するページもあります。
注意してください。

❶ ふうせん ねずみくんカード

13cm
28cm
外台紙
12cm
27cm
内台紙

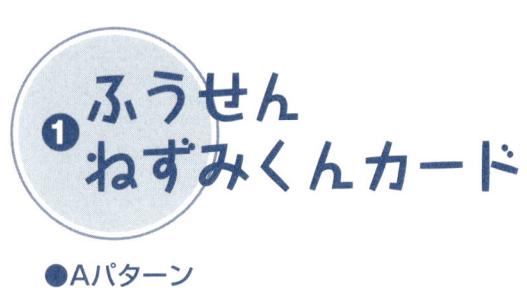

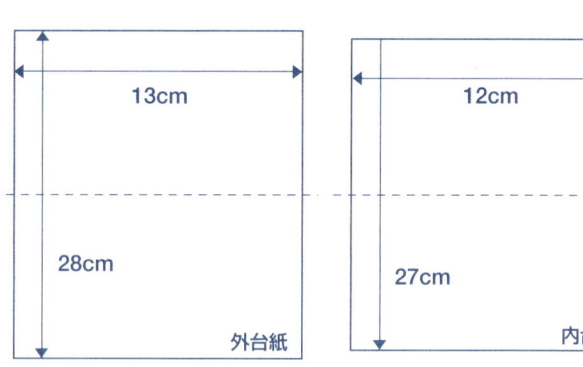

●Aパターン

1.パーツをつくります。

1.ねずみくんのかおを つくります。
2.ねずみくんの からだをつくります。
3.ねずみくんの 足とながぐつを つくります。
4.合体させます！

目と口は
自分でかいてね。
からだの
うしろに、
右手をつけてね。
しっぽも
つけてね。

2.台紙をつくります。

1.台紙を半分に折ってきりこみ をいれて折りこみます
2.開いてとびださせます。

4cm
4cm
4cm
2cm
内台紙
内台紙
内台紙

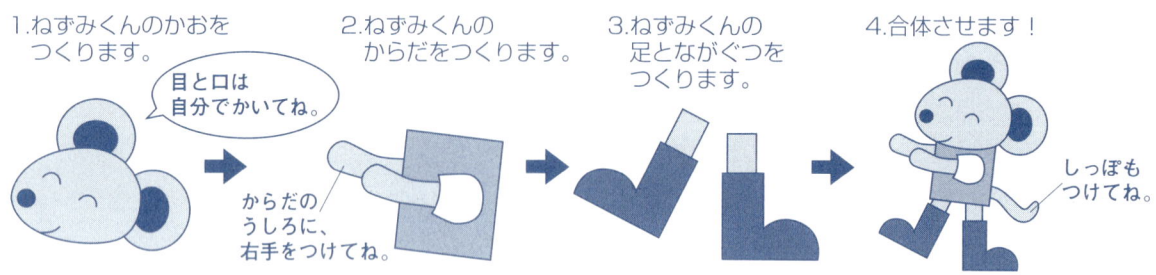

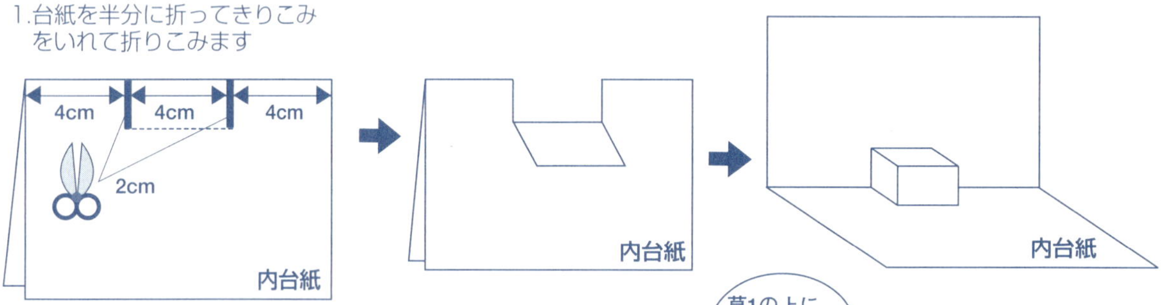

3.仕上げをします。

1.内台紙に外台紙を はりあわせます。

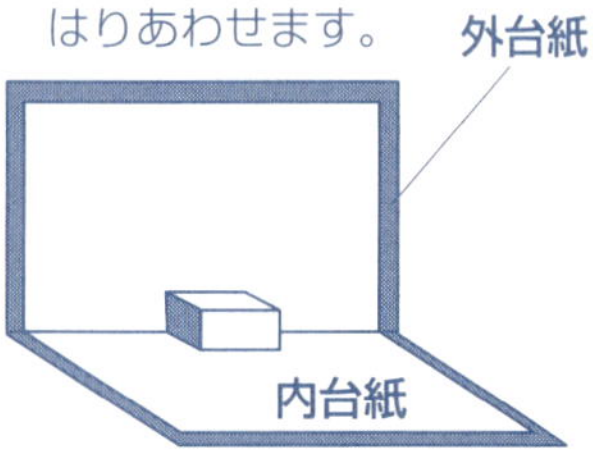

外台紙
内台紙

2.パーツをはっていきます。

・ふうせんもつくってね。
草1をはります。
草2をはります。
草1の上に
ねずみくんを
はります。
できあがり

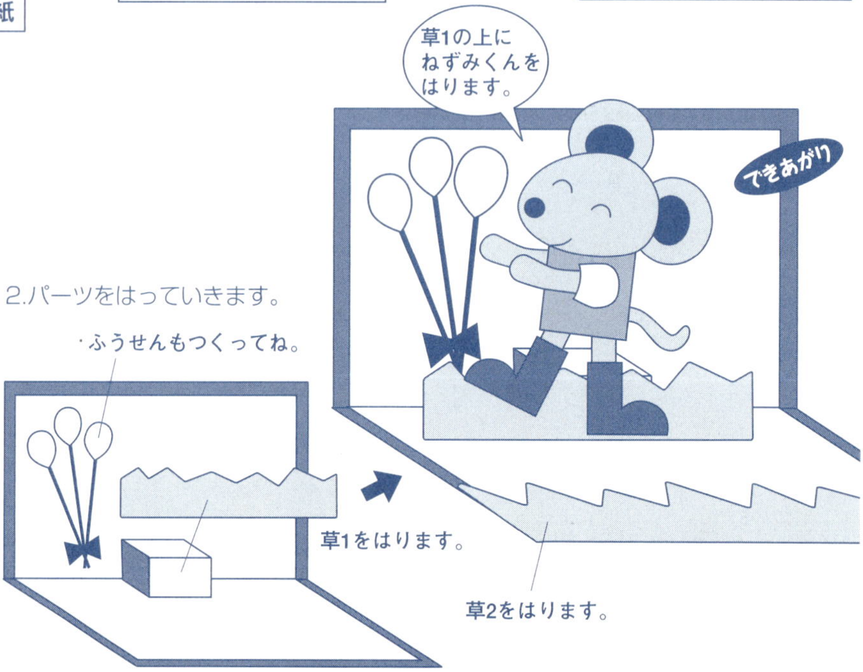

❷ ゆきだるま ユキちゃんのカード

●Aパターン

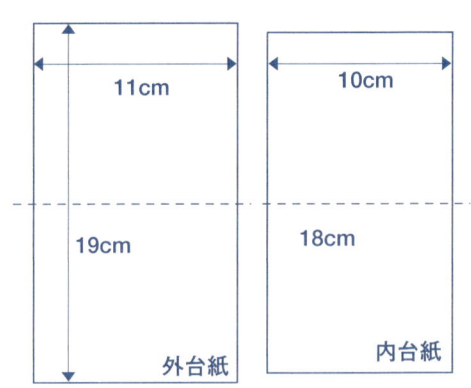

1. パーツをつくります。

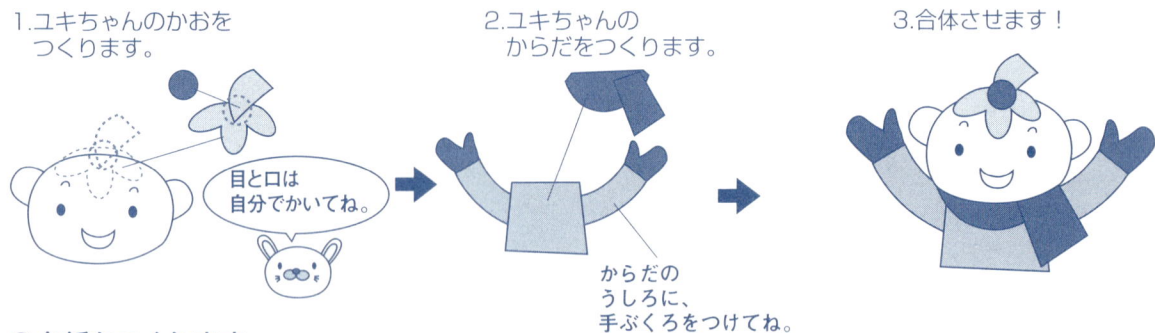

2. 台紙をつくります。

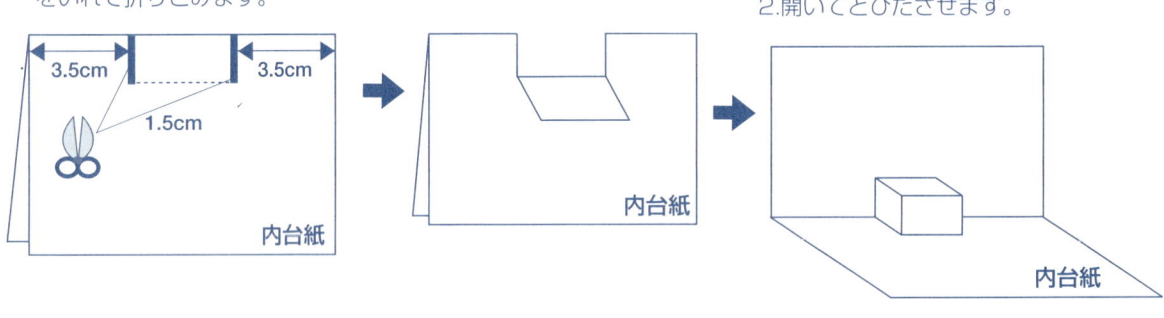

3. 仕上げをします。

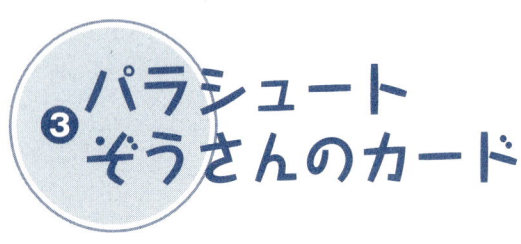

❸ パラシュート ぞうさんのカード

●Aパターン

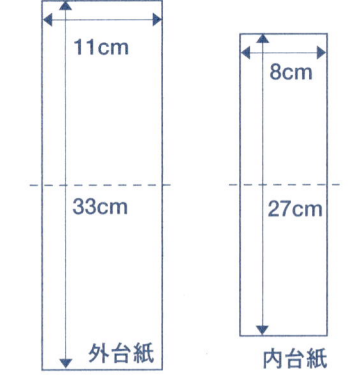

---

1. パーツをつくります。

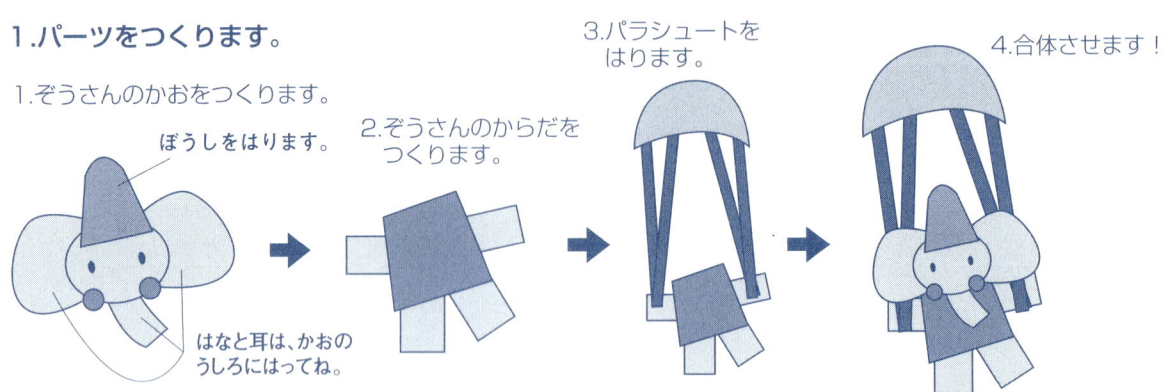

2. 台紙をつくります。

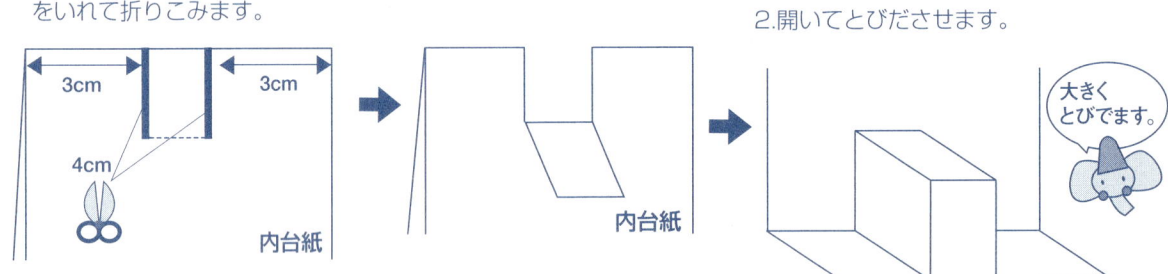

3. 仕上げをします。

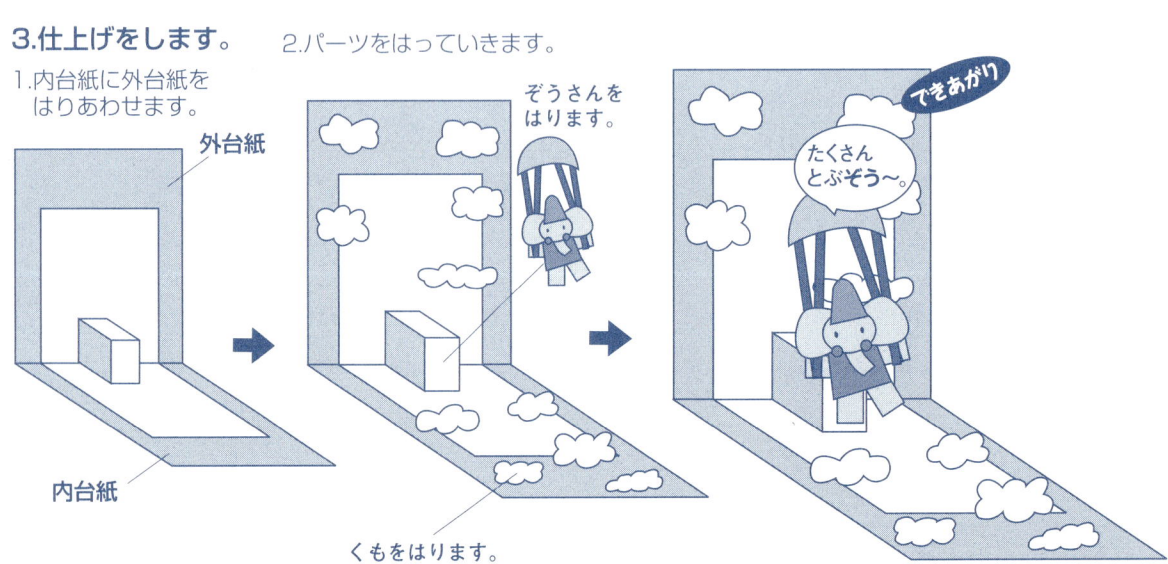

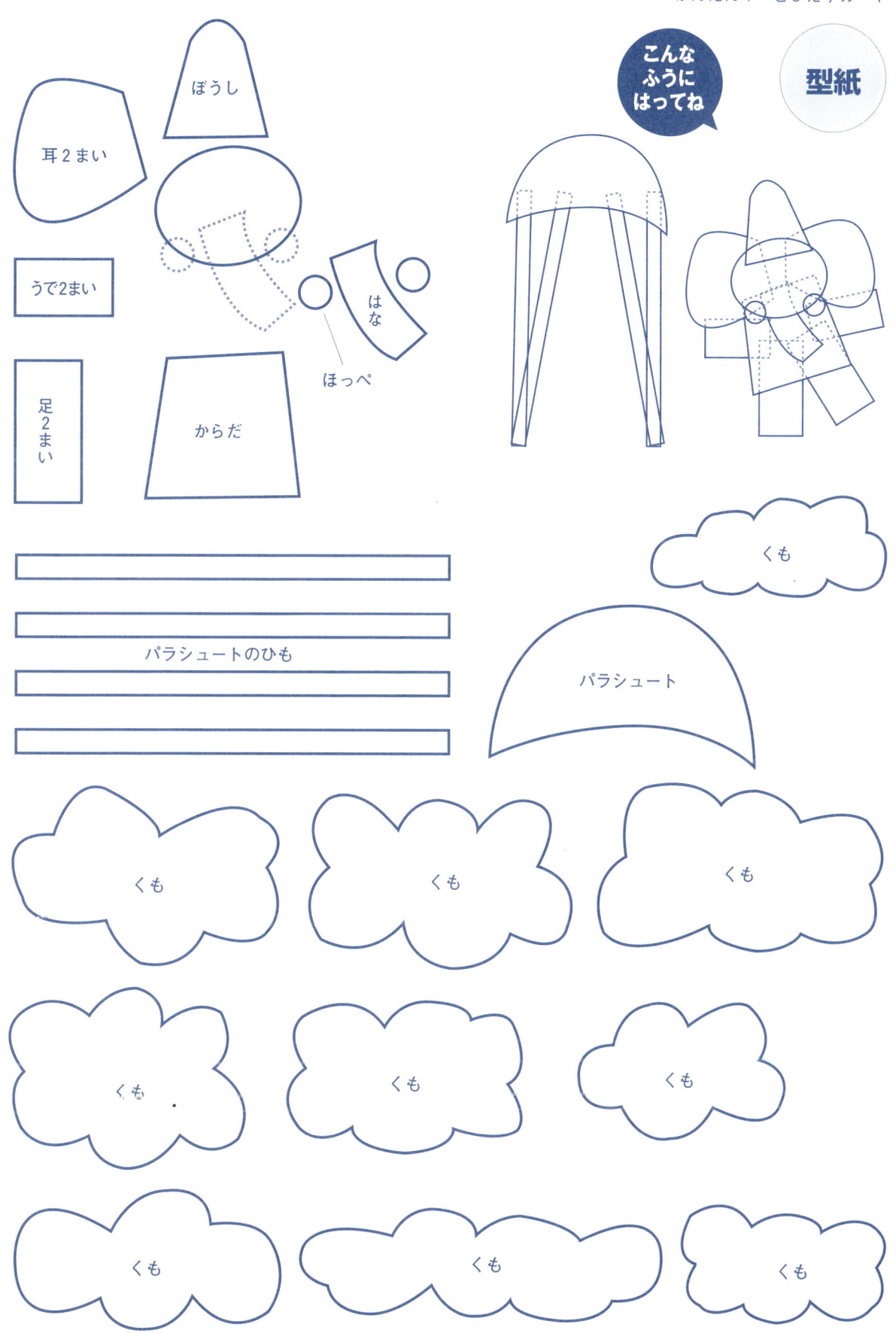

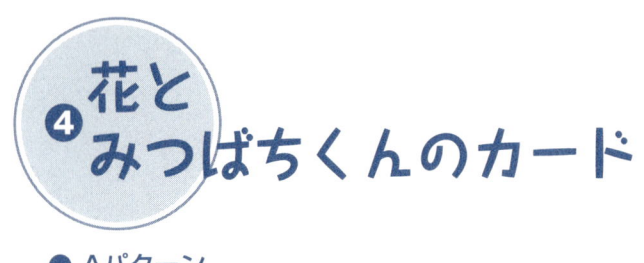

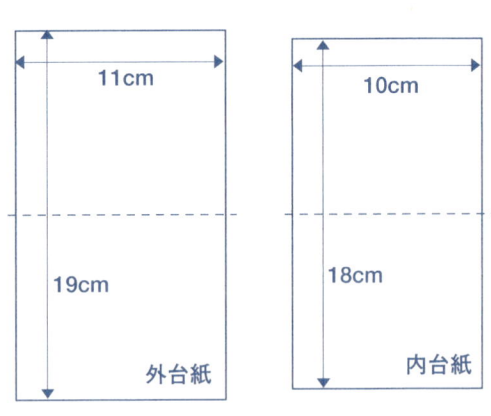

④花と みつばちくんのカード

● Aパターン

11cm
19cm
外台紙
10cm
18cm
内台紙

1.パーツをつくります。

1.みつばちくんの しょっかくをつくります。　2.みつばちくんの からだをつくります。　3.羽とはりもつけます。　4.しましまをかいてください。

目は自分で かいてね。
ばねもつくって おいてください。

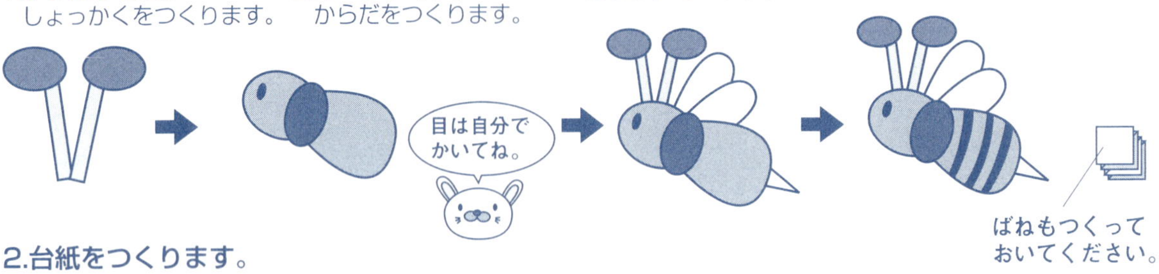

2.台紙をつくります。

1.台紙を半分に折ってきりこみをいれて折りこみます。

2.開いてとびださせます。

4cm
4cm
2cm
内台紙
内台紙
内台紙

3.仕上げをします。

1.内台紙に外台紙をはりあわせます。

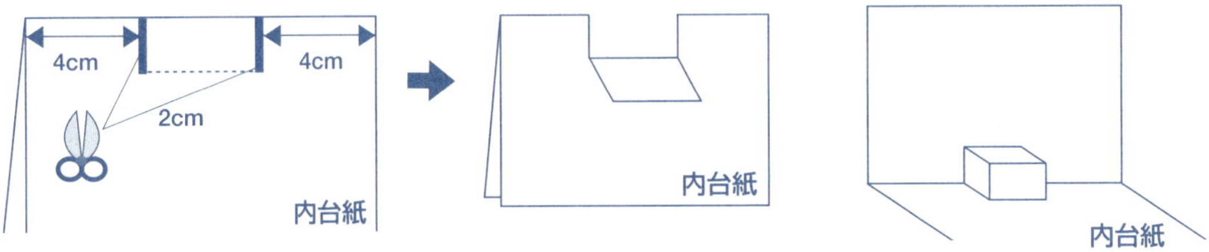

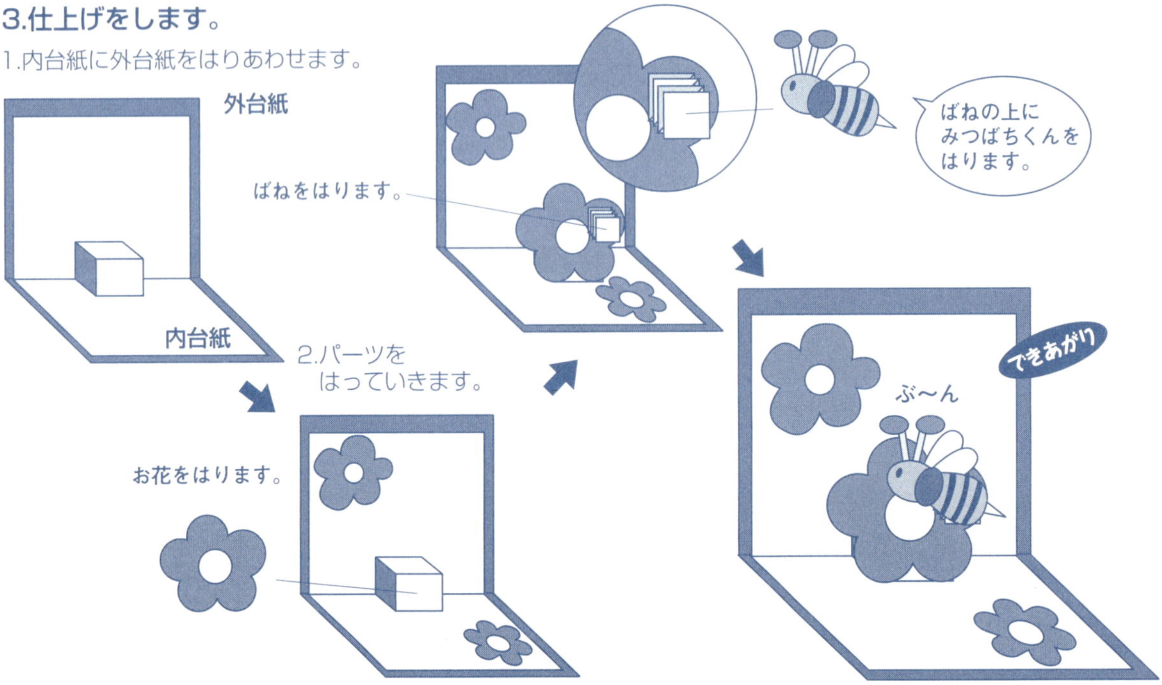

外台紙
内台紙
2.パーツを はっていきます。
お花をはります。
ばねをはります。
ばねの上に みつばちくんを はります。
ぶ～ん
できあがり

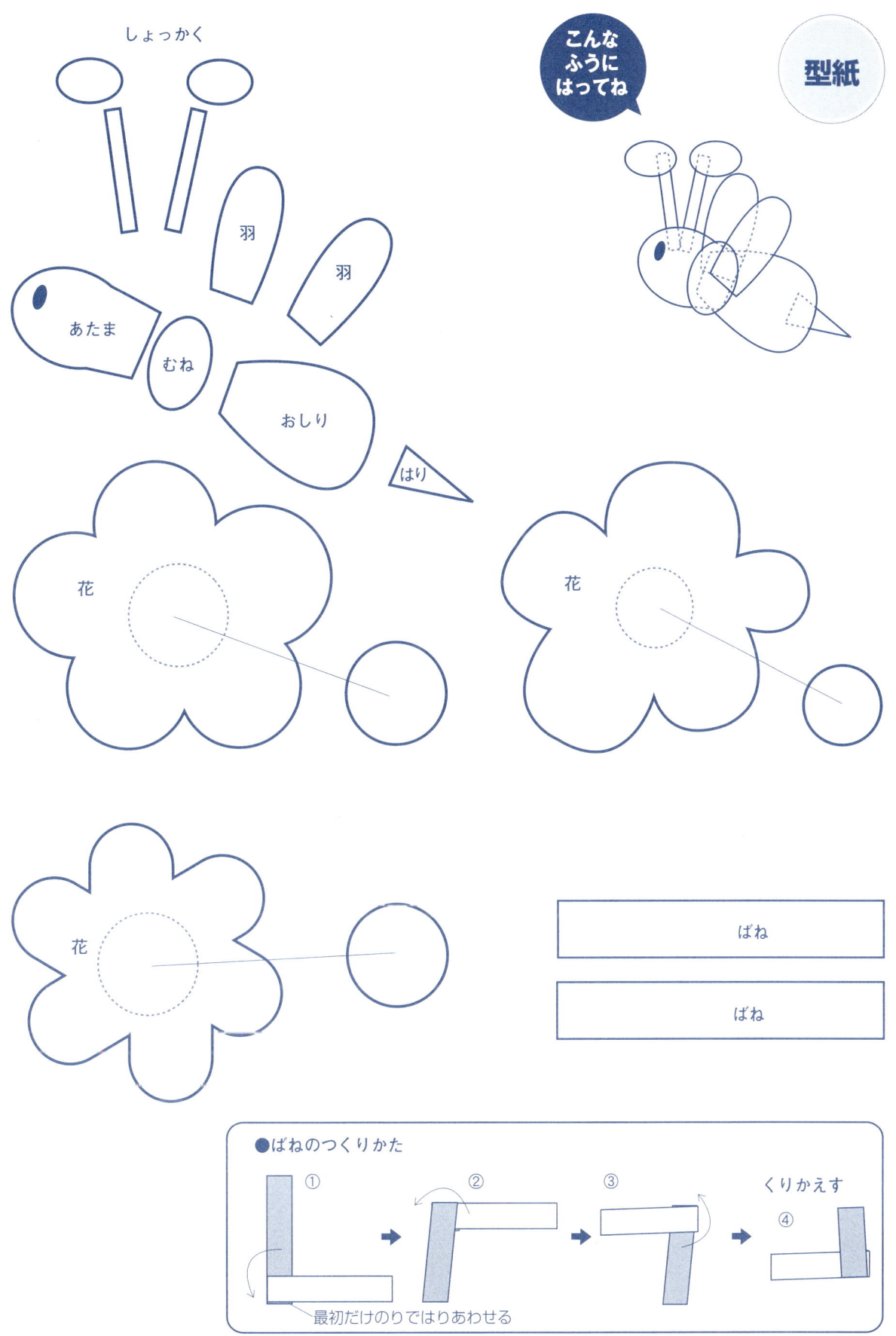

⑤ お月見うさぎちゃんのカード

● Aパターン

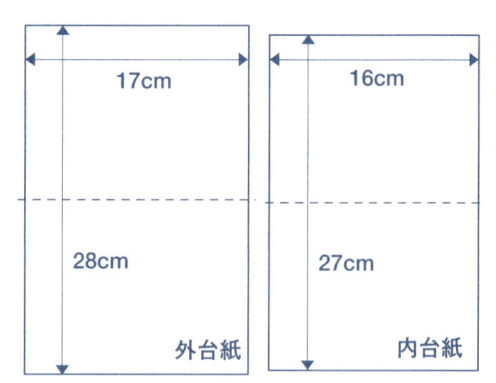

外台紙 17cm × 28cm
内台紙 16cm × 27cm

---

1. パーツをつくります。

1. うさぎさんを4ひきつくってください。

（目と口とはなは自分でかいてね。）

2. 台紙をつくります。

1. 台紙を半分に折ってきりこみをいれて折りこみます。

（5カ所に切りこみをいれます。）

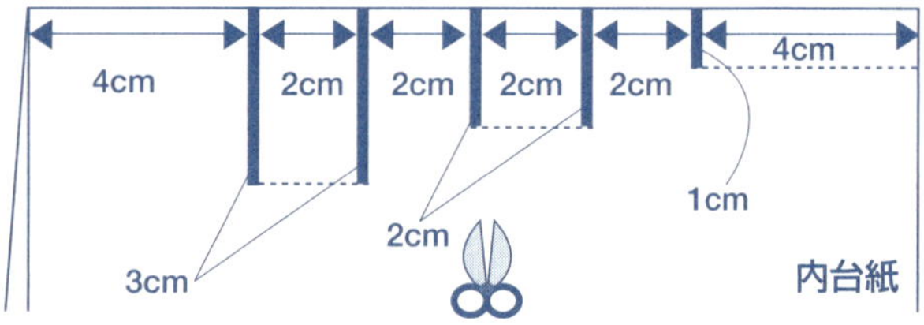

4cm / 2cm / 2cm / 2cm / 2cm / 4cm
3cm　2cm　1cm
内台紙

2. 開いてとびださせます。

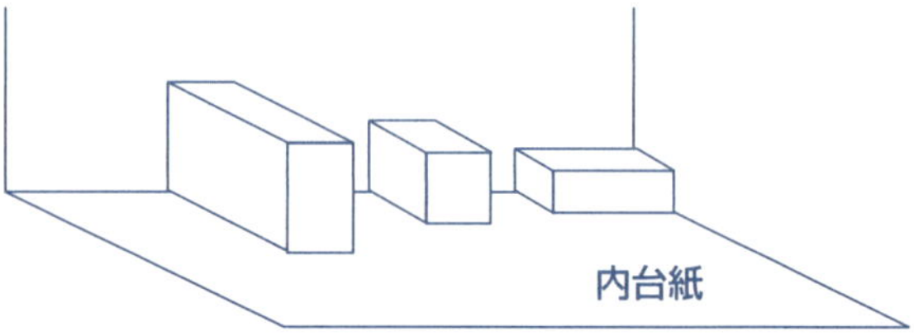

内台紙

3. 仕上げをします。

1. 内台紙に外台紙をはりあわせます。

外台紙 / 内台紙

2. パーツをはっていきます。

（うさぎさんたちをはってね。）

月 / 草

できあがり

ほしをはります。

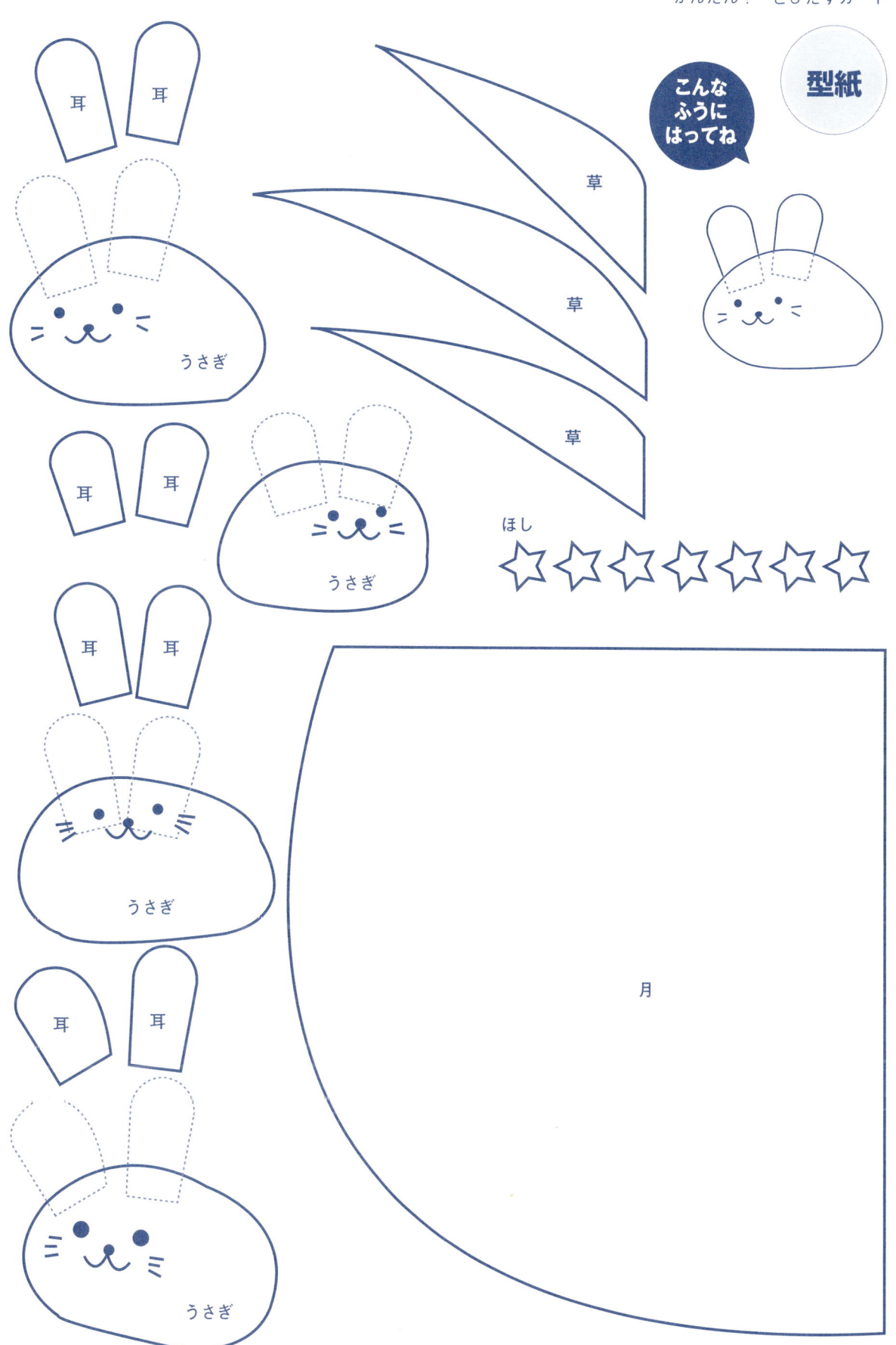

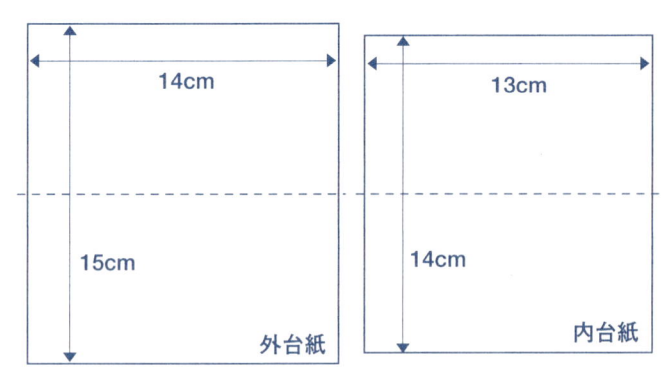

●Aパターン

---

1. パーツをつくります。

1. ひつじちゃんのかおをつくります。

2. ひつじちゃんのあしをつくっておきます。

2. 台紙をつくります。

1. ひつじちゃんのからだを点線で折ってきりこみをいれます。

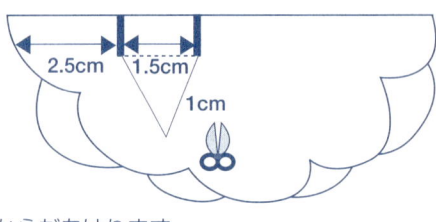

2. 開いてとびださせます。

3. 内台紙にひつじちゃんのからだをはります。

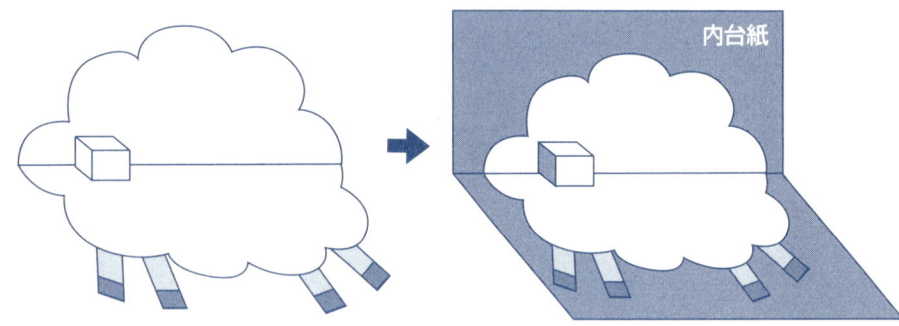

3. 仕上げをします。

1. 内台紙に外台紙をはりあわせます。

かおをはります。

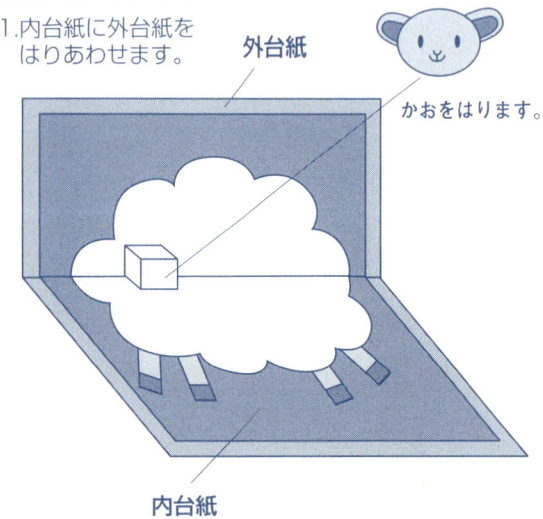

2. パーツをはっていきます。

●Aパターン

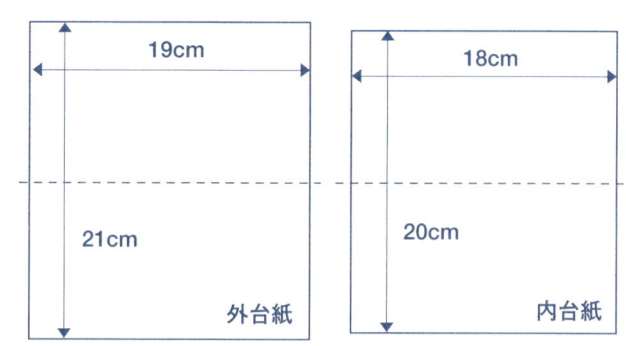

1.パーツをつくります。

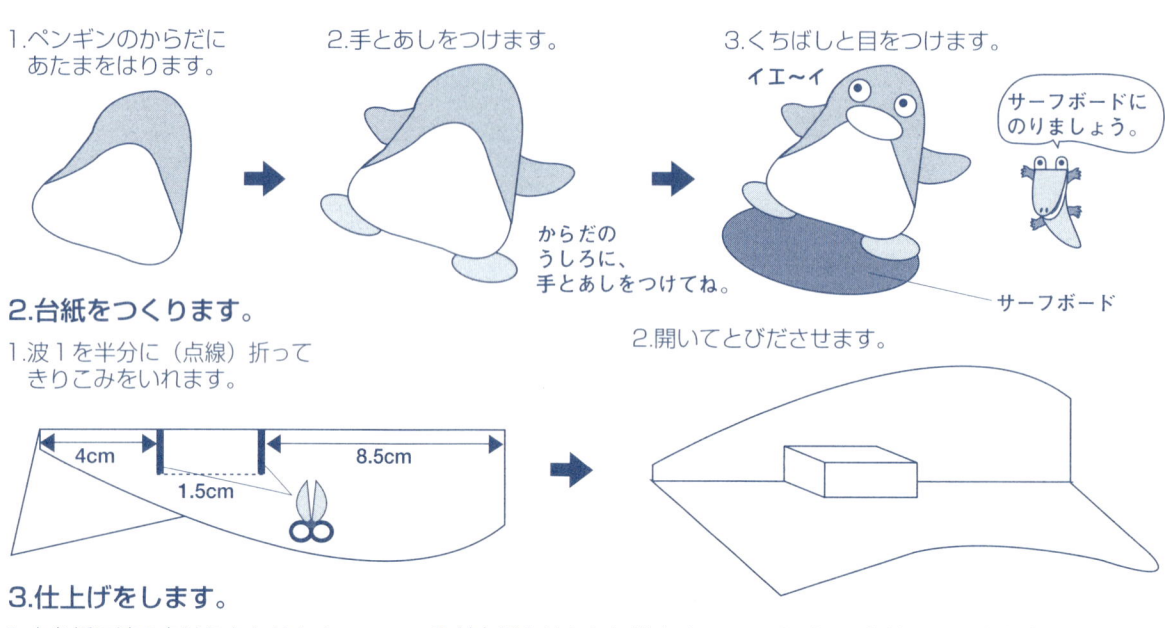

2.台紙をつくります。

3.仕上げをします。

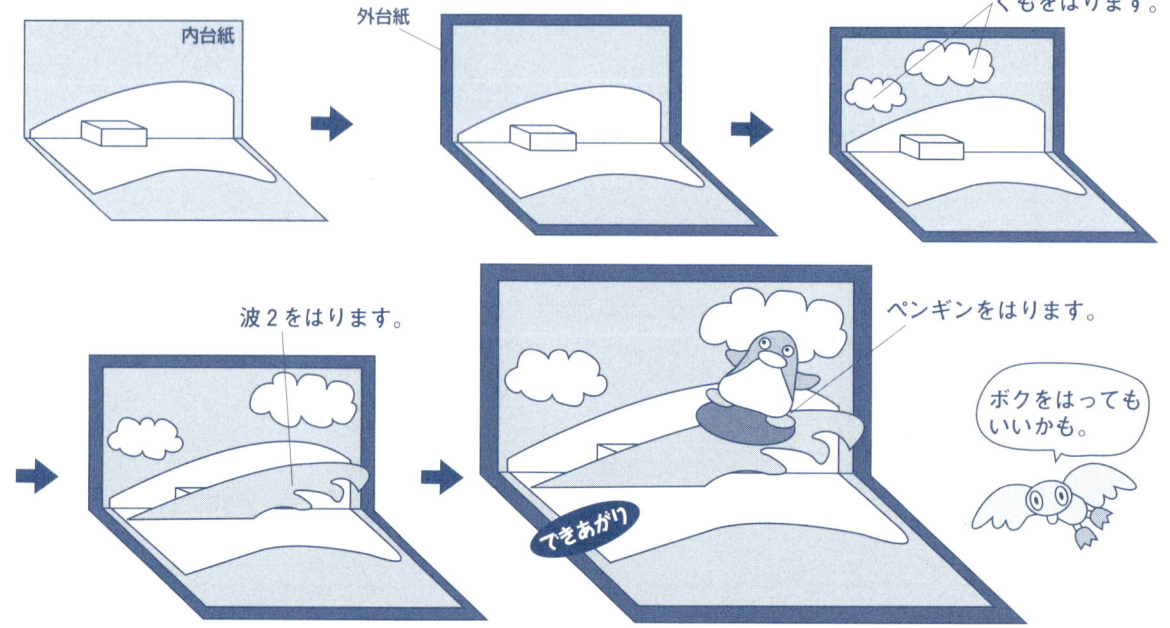

●Aパターン

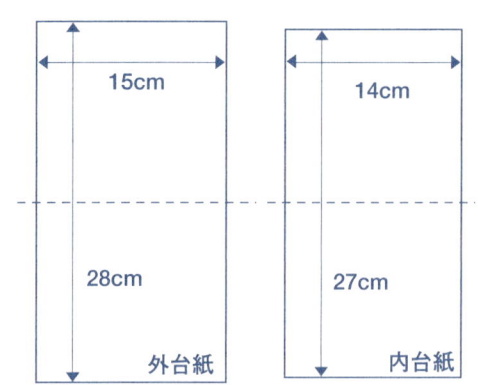

1. パーツをつくります。

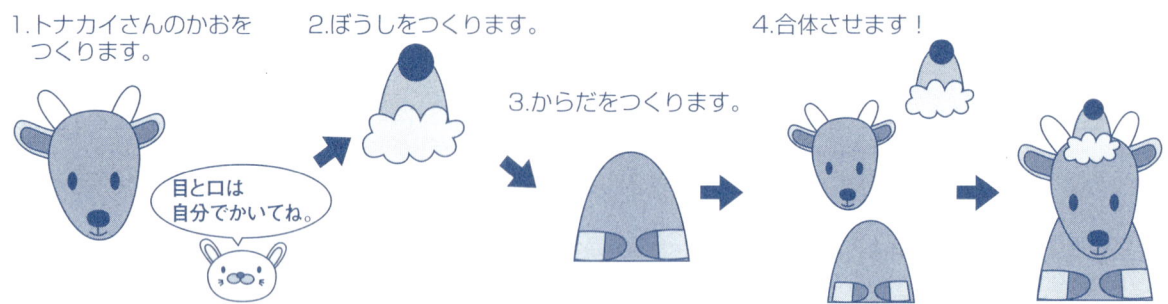

2. 台紙をつくります。

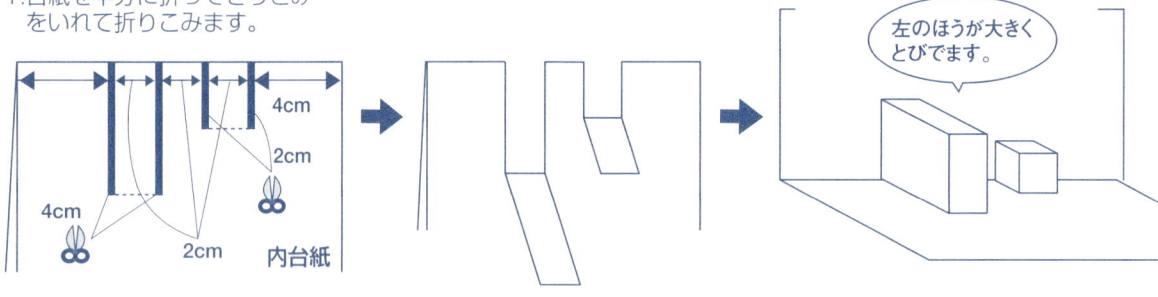

3. 仕上げをします。

かんたん！ とびだすカード

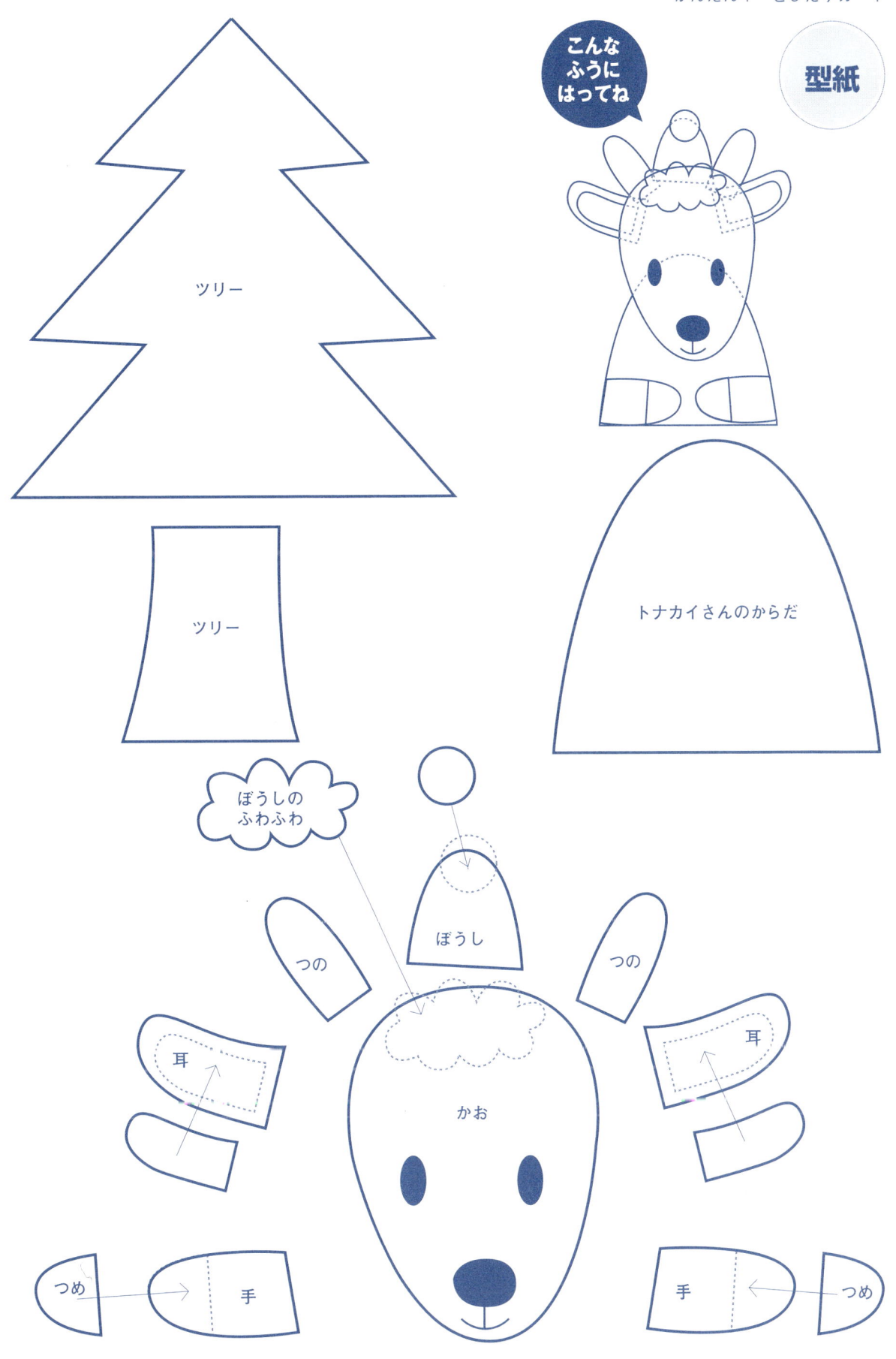

こんな
ふうに
はってね

型紙

ツリー

ツリー

トナカイさんのからだ

ぼうしの
ふわふわ

ぼうし

つの

つの

耳

耳

かお

つめ 手

手 つめ

35

⑨ サーカスねずみくんのカード

●Aパターン

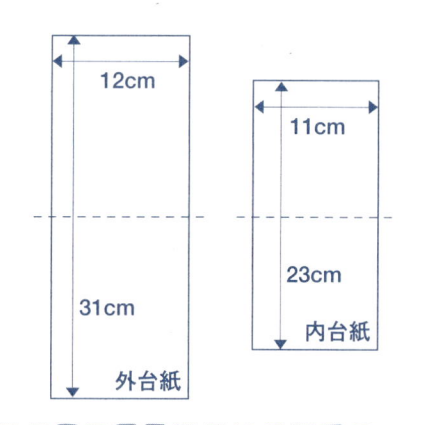

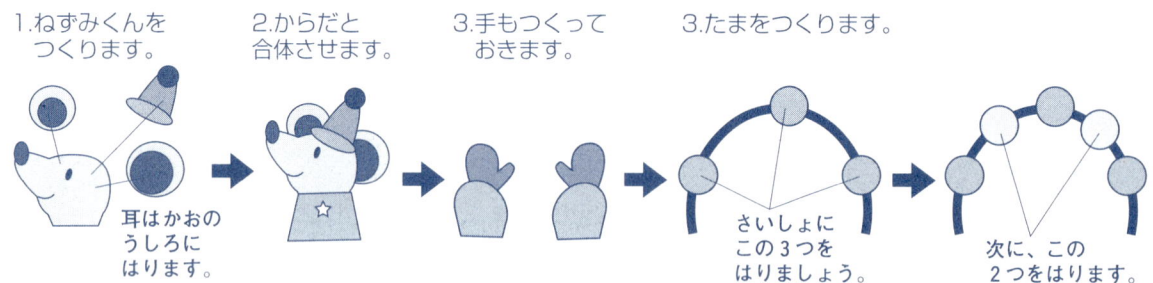

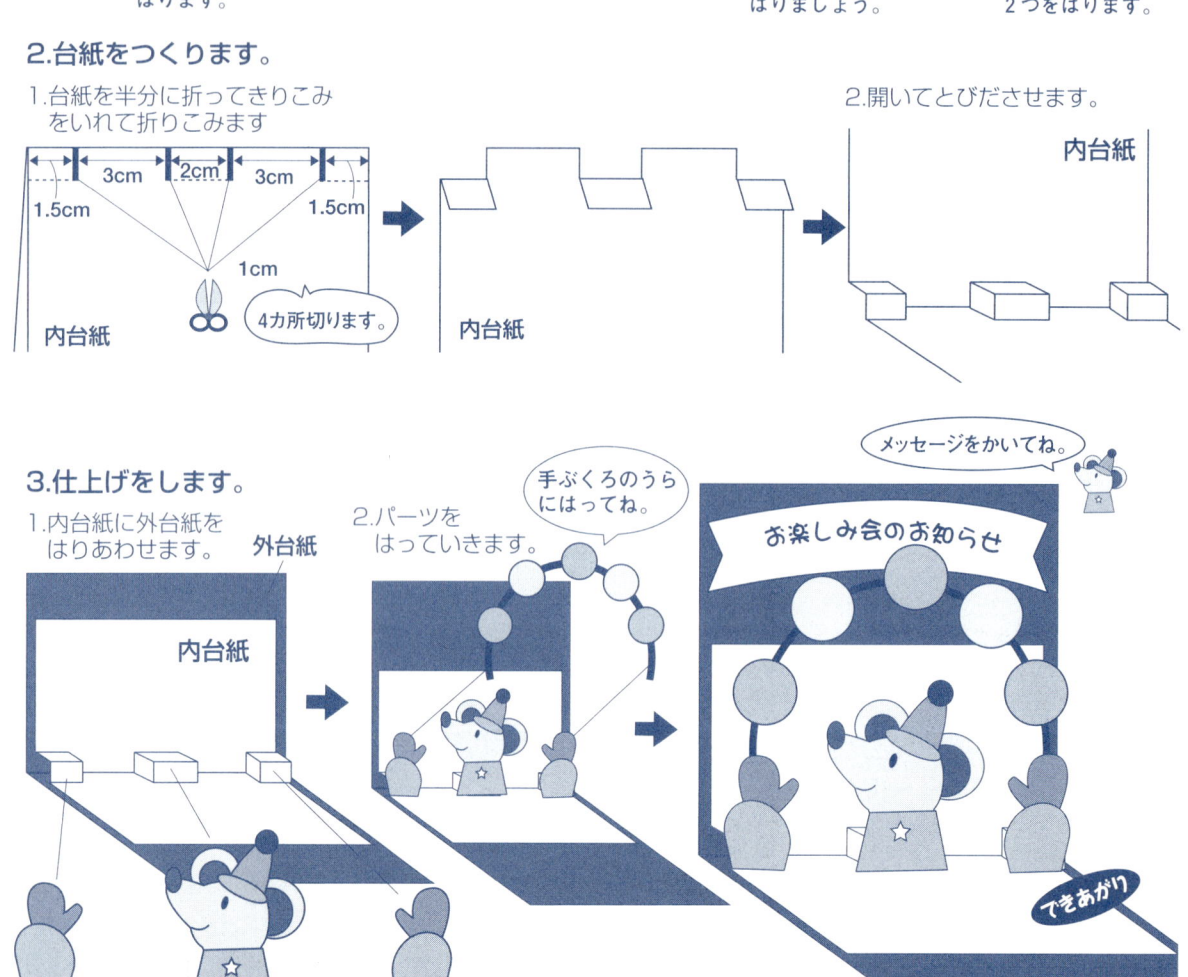

外台紙: 12cm × 31cm
内台紙: 11cm × 23cm

1.パーツをつくります。

1. ねずみくんをつくります。
   耳はかおのうしろにはります。
2. からだと合体させます。
3. 手もつくっておきます。
3. たまをつくります。
   さいしょにこの3つをはりましょう。
   次に、この2つをはります。

2.台紙をつくります。

1. 台紙を半分に折ってきりこみをいれて折りこみます
   1.5cm / 3cm / 2cm / 3cm / 1.5cm
   1cm
   内台紙
   4カ所切ります。

2. 開いてとびださせます。
   内台紙

3.仕上げをします。

1. 内台紙に外台紙をはりあわせます。
   外台紙 / 内台紙
2. パーツをはっていきます。
   手ぶくろのうらにはってね。

メッセージをかいてね。
お楽しみ会のお知らせ
できあがり

かんたん！ とびだすカード

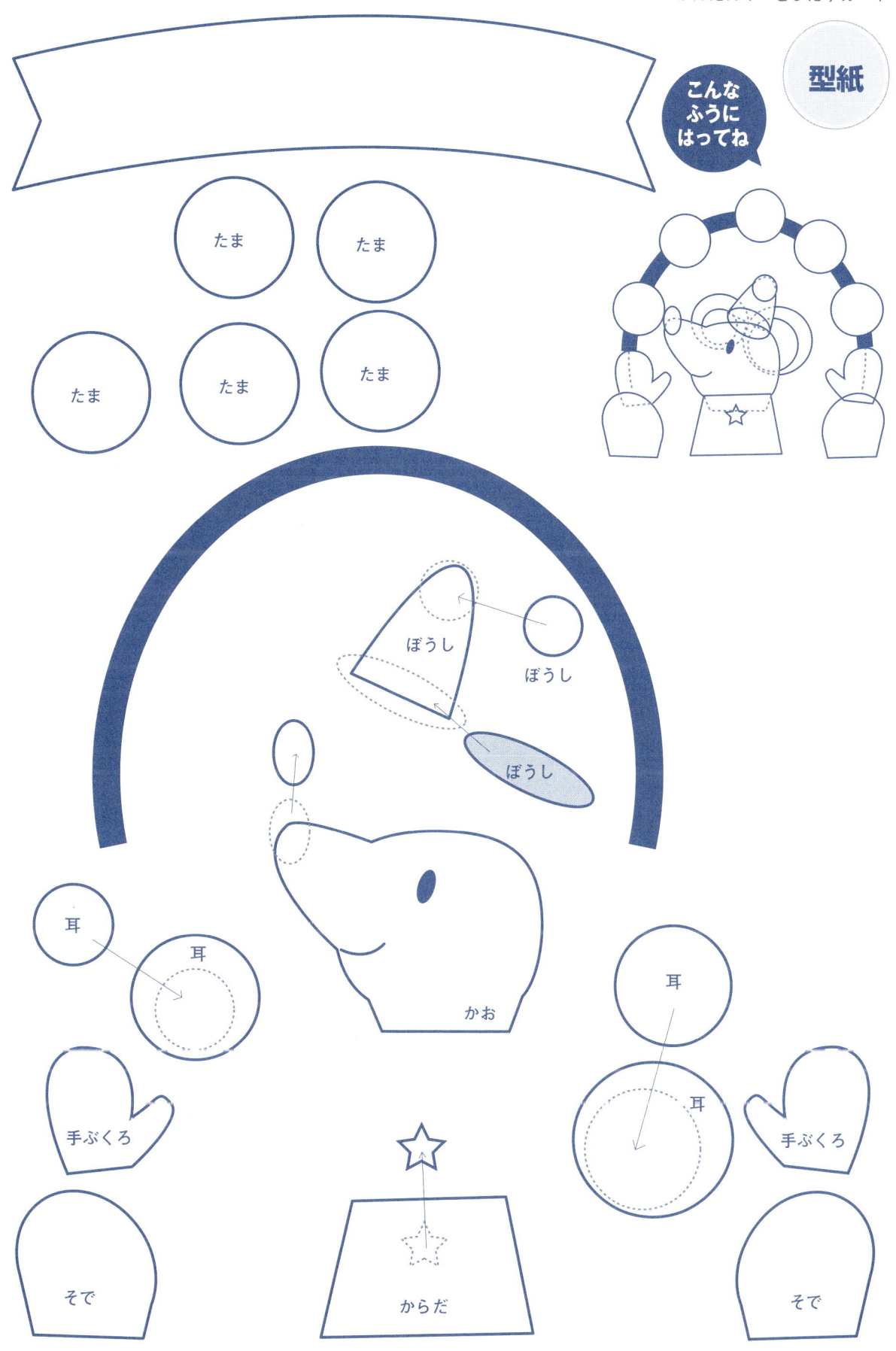

型紙

こんなふうにはってね

たま　たま
たま　たま　たま

ぼうし
ぼうし
ぼうし

耳　耳
かお
耳　耳

手ぶくろ
そで　からだ　そで

⑩ とりかごの ことりちゃんのカード

●Bパターン

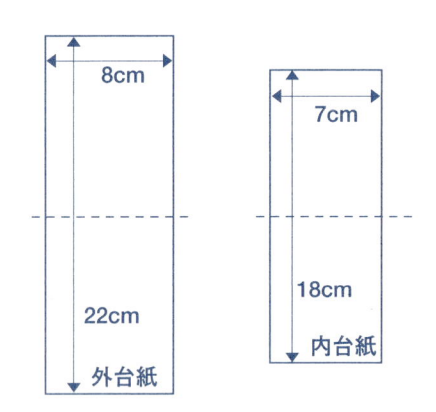

外台紙: 8cm × 22cm
内台紙: 7cm × 18cm

1.パーツをつくります。

1.とりかごをつくります。

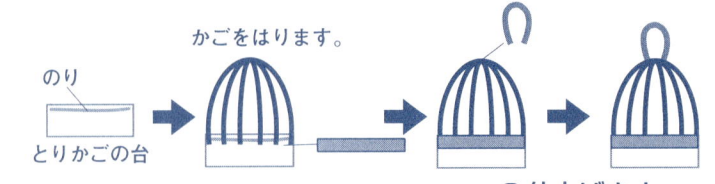

のり / とりかごの台 → かごをはります。 → →

2.台紙をつくります。

1.台紙を折る前にきりこみをいれます。

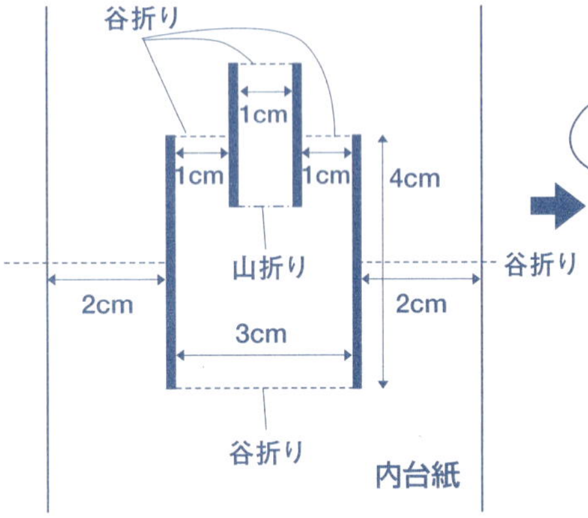

谷折り / 1cm / 1cm / 1cm / 4cm / 山折り / 谷折り / 2cm / 3cm / 2cm / 谷折り / 内台紙

2.開いてとびださせます。

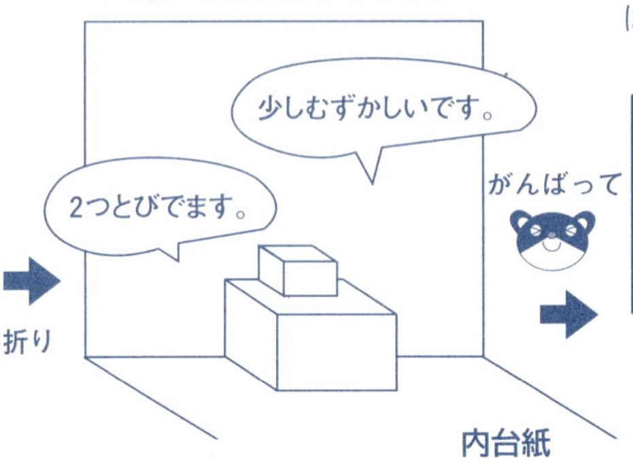

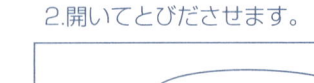

2つとびでます。
少しむずかしいです。
がんばって
内台紙

3.仕上げます。

1.外台紙に内台紙をはりあわせます。

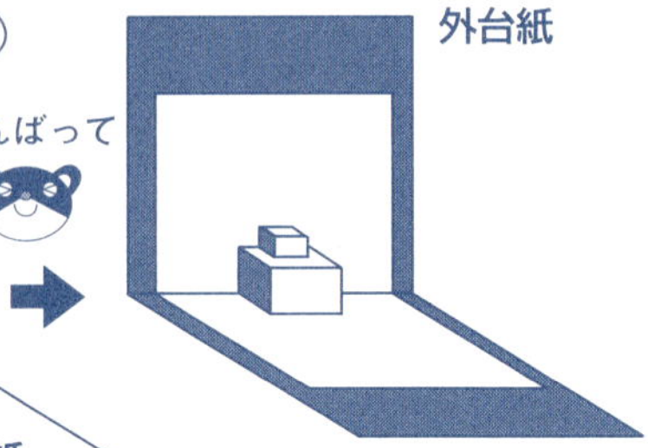

外台紙

2.パーツをはっていきます。

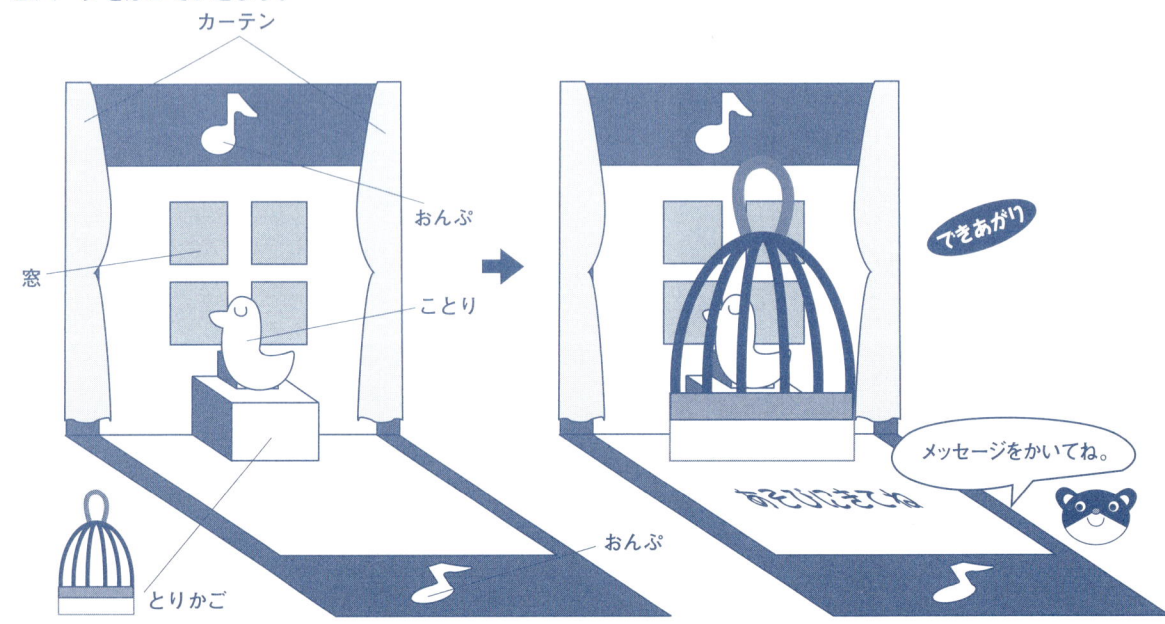

カーテン / おんぷ / 窓 / ことり / とりかご / おんぷ

できあがり
メッセージをかいてね。

かんたん！ とびだすカード

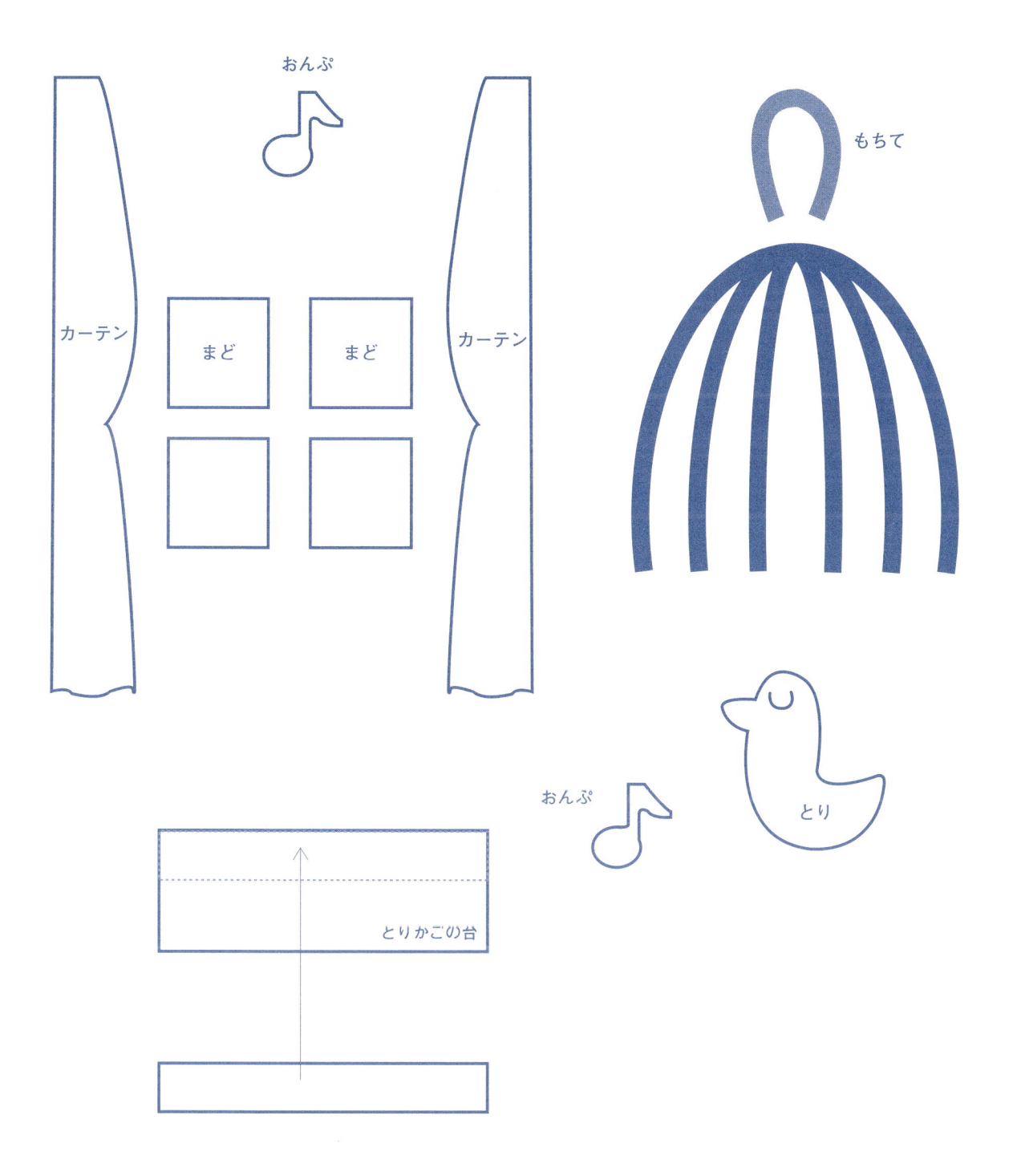

型紙

カーテン　おんぷ　カーテン　もちて

まど　まど

おんぷ　とり

とりかごの台

⑪ すずめの遠足のカード

● A＋Bパターン

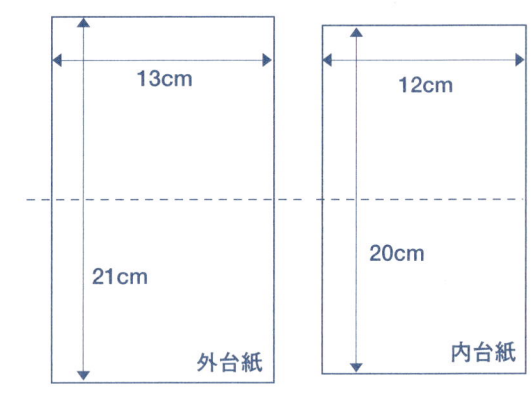

13cm / 21cm　外台紙
12cm / 20cm　内台紙

1.パーツをつくります。

1.すずめたちをつくります

ぱたぱたすずめ ＋ ＝

おにぎりすずめ ＋ ＝

てくてくすずめ ＋ ＝

リュック ＋ ＝

2.台紙をつくります。

1.台紙を折る前にきりこみをいれます。

4cm　谷折り
1cm
山折り
7cm
1cm　谷折り
1cm　谷折り

2.半分に折って、はさみできりこみをいれます。

2.5cm　1cm
2cm
2cm　1.5cm
2.5cm

1で切って折りこんだところ

内台紙

3.折ります。

ななめに折ります。
内台紙

4.開いてとびださせます。

内台紙

ななめにとびでます。

3.仕上げをします。

1.内台紙に外台紙をはりあわせます。

内台紙

2.パーツをはっていきます。

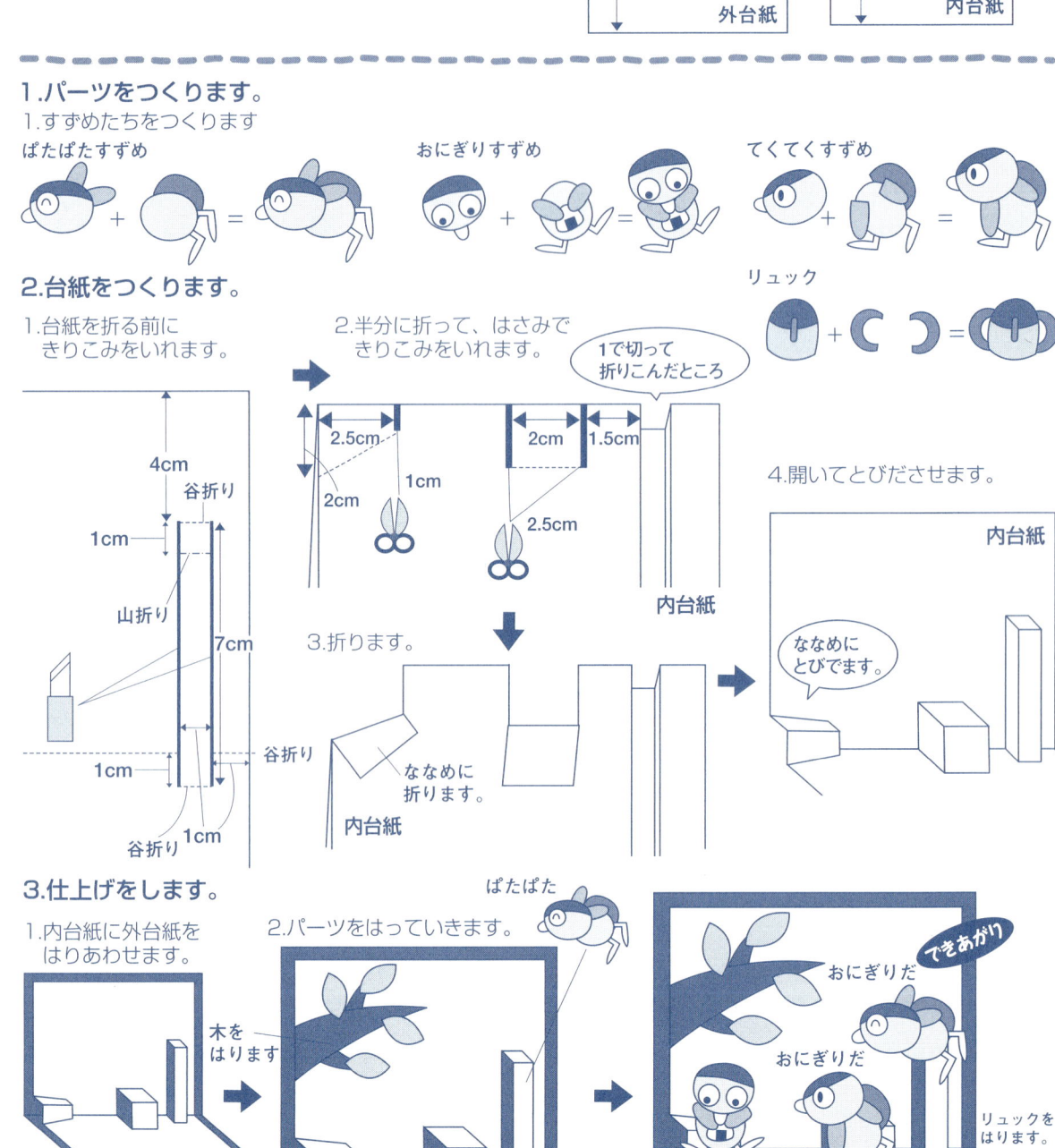

木をはります

ぱたぱた

てくてく

おにぎり

できあがり

おにぎりだ
おにぎりだ

リュックをはります。

メッセージカードをはってね。

かんたん！ とびだすカード

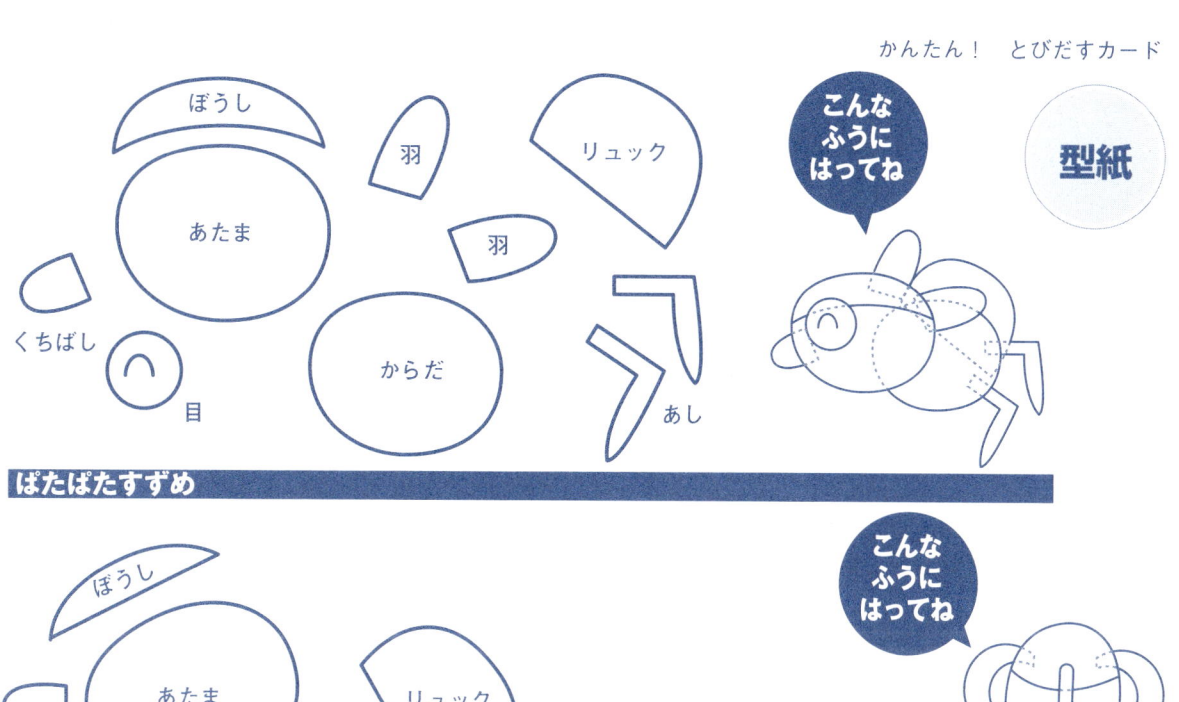

型紙

ぱたぱたすずめ

ぼうし / あたま / 羽 / 羽 / リュック / くちばし / 目 / からだ / あし

こんなふうにはってね

てくてくすずめ

ぼうし / あたま / リュック / くちばし / 羽 / 目 / からだ / 羽 / あし

こんなふうにはってね

リュック / リュック / 2つ

おにぎりすずめ

ぼうし / 目 / おにぎり / 目 / あたま / 羽 / くちばし / からだ / 羽 / あし

こんなふうにはってね

葉 4つ / 木 / 枝 2つ

こんなふうにはってね

⑫ なわとび くまちゃんカード

● Bパターン

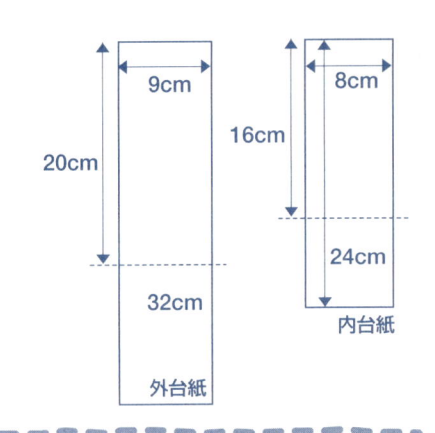

外台紙: 20cm / 9cm / 32cm
内台紙: 16cm / 8cm / 24cm

1.パーツをつくります。

1. かおをつくります。
2. からだをつくります。
3. 合体させます！
4. なわとびをはります。

からだのうしろに、うでとあしをつけてね。

くまちゃんのできあがり。

2.台紙をつくります。

1. 台紙を折る前にきりこみをいれます。

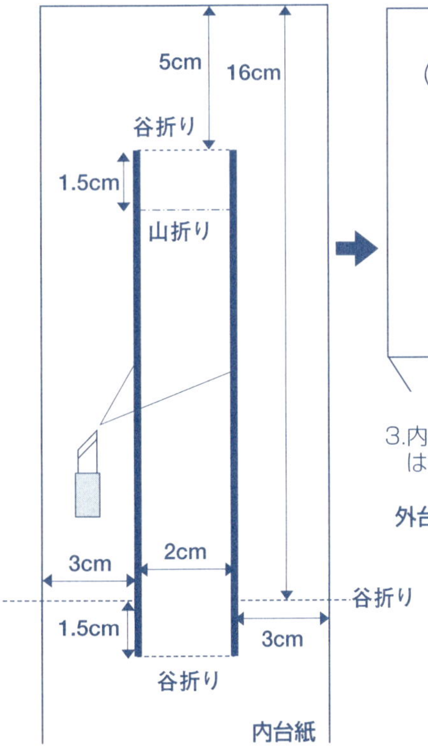

5cm / 16cm
谷折り
1.5cm
山折り
3cm / 2cm / 3cm
1.5cm
谷折り
谷折り
内台紙

2. とびださせます。

少しむずかしいです。がんばって！

3. 内台紙に外台紙をはりあわせます。

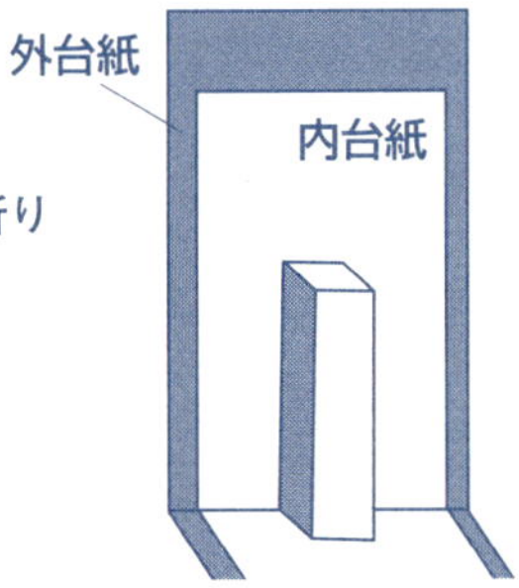

外台紙 / 内台紙

3.仕上げます。

くまちゃんとジャンプばねをつけます。

くまちゃんは少しななめにはってね。

できあがり

折るとかおがでます。

かんたん！ とびだすカード

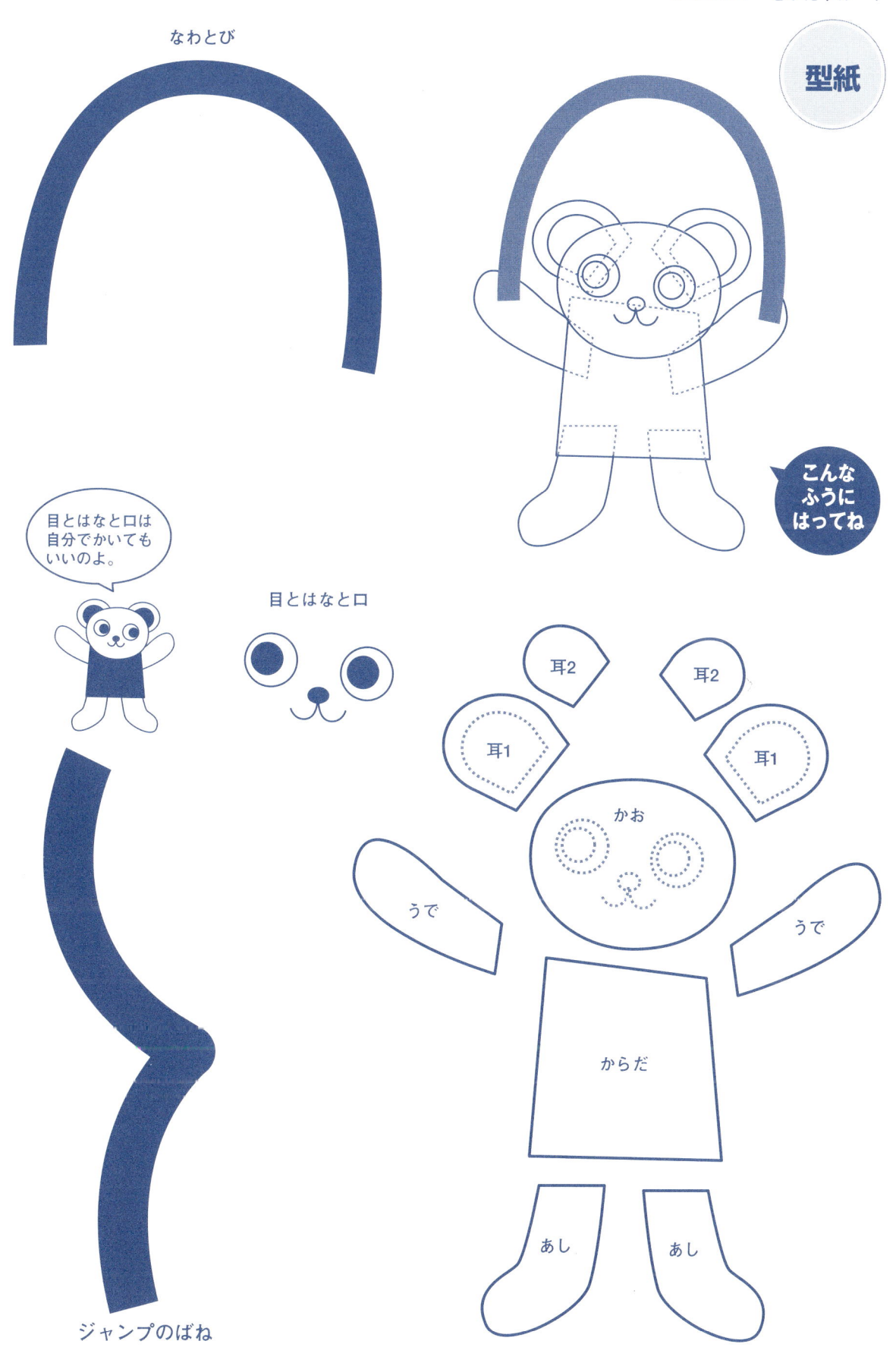

なわとび

型紙

こんな
ふうに
はってね

目とはなと口は
自分でかいても
いいのよ。

目とはなと口

耳2　耳2
耳1　耳1

かお

うで　うで

からだ

あし　あし

ジャンプのばね

⑬ じょうろちゃんのカード

● Bパターン

11cm
21cm
外台紙

10cm
20cm
内台紙

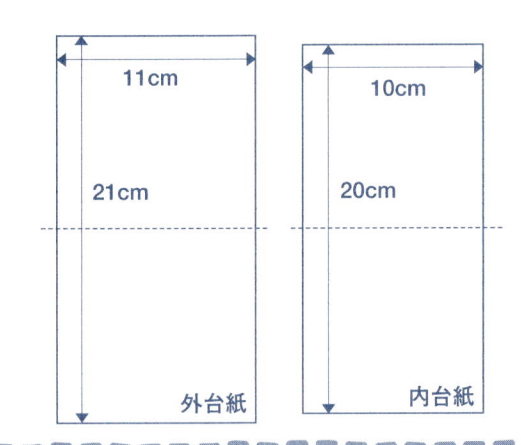

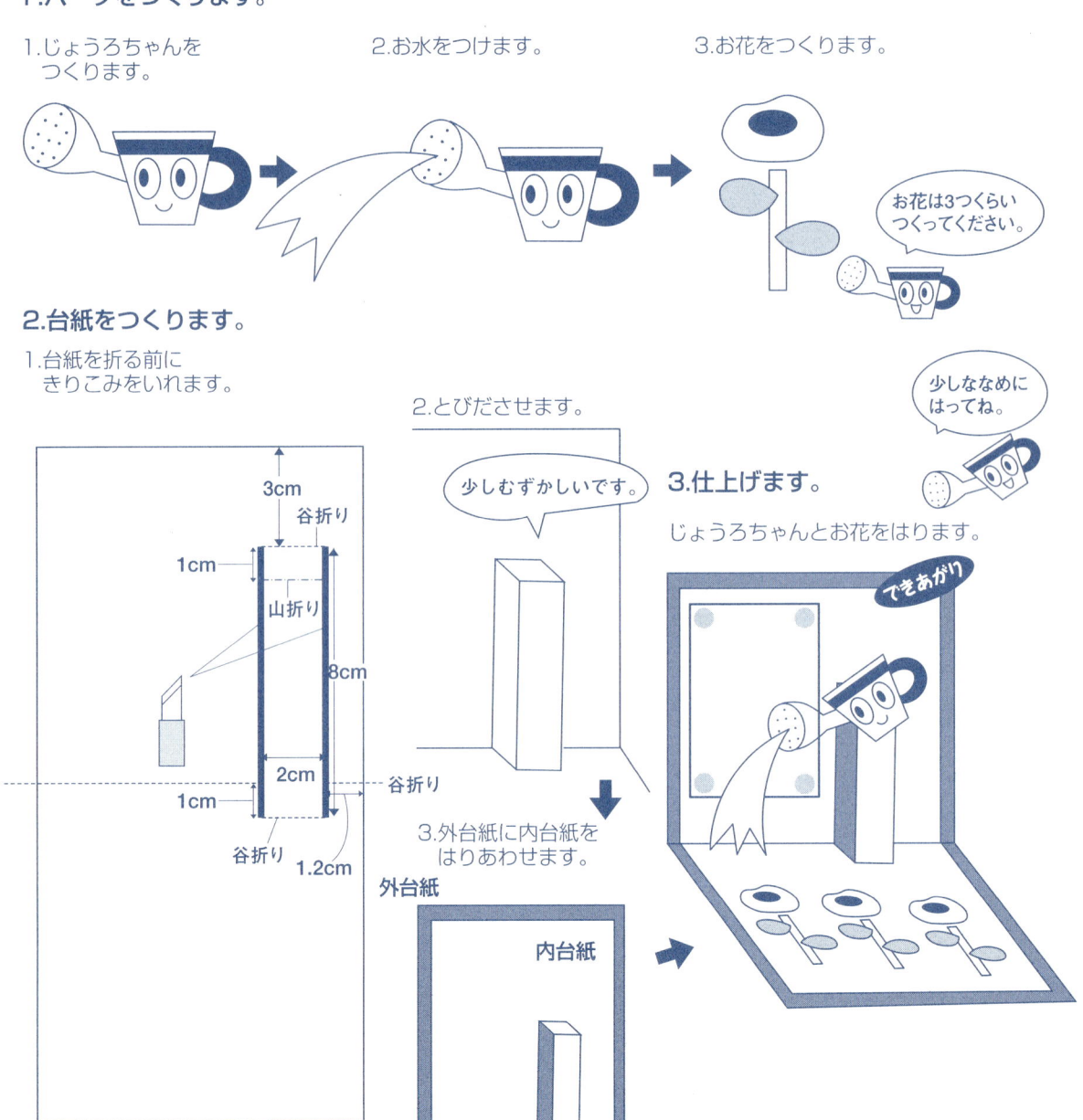

1.パーツをつくります。

1. じょうろちゃんをつくります。

2. お水をつけます。

3. お花をつくります。

お花は3つくらいつくってください。

2.台紙をつくります。

1. 台紙を折る前にきりこみをいれます。

3cm
谷折り
1cm
山折り
8cm
2cm
1cm
谷折り
1.2cm
谷折り

2. とびださせます。

少しむずかしいです。

3. 外台紙に内台紙をはりあわせます。

外台紙

内台紙

3.仕上げます。

少しななめにはってね。

じょうろちゃんとお花をはります。

できあがり

かんたん！ とびだすカード

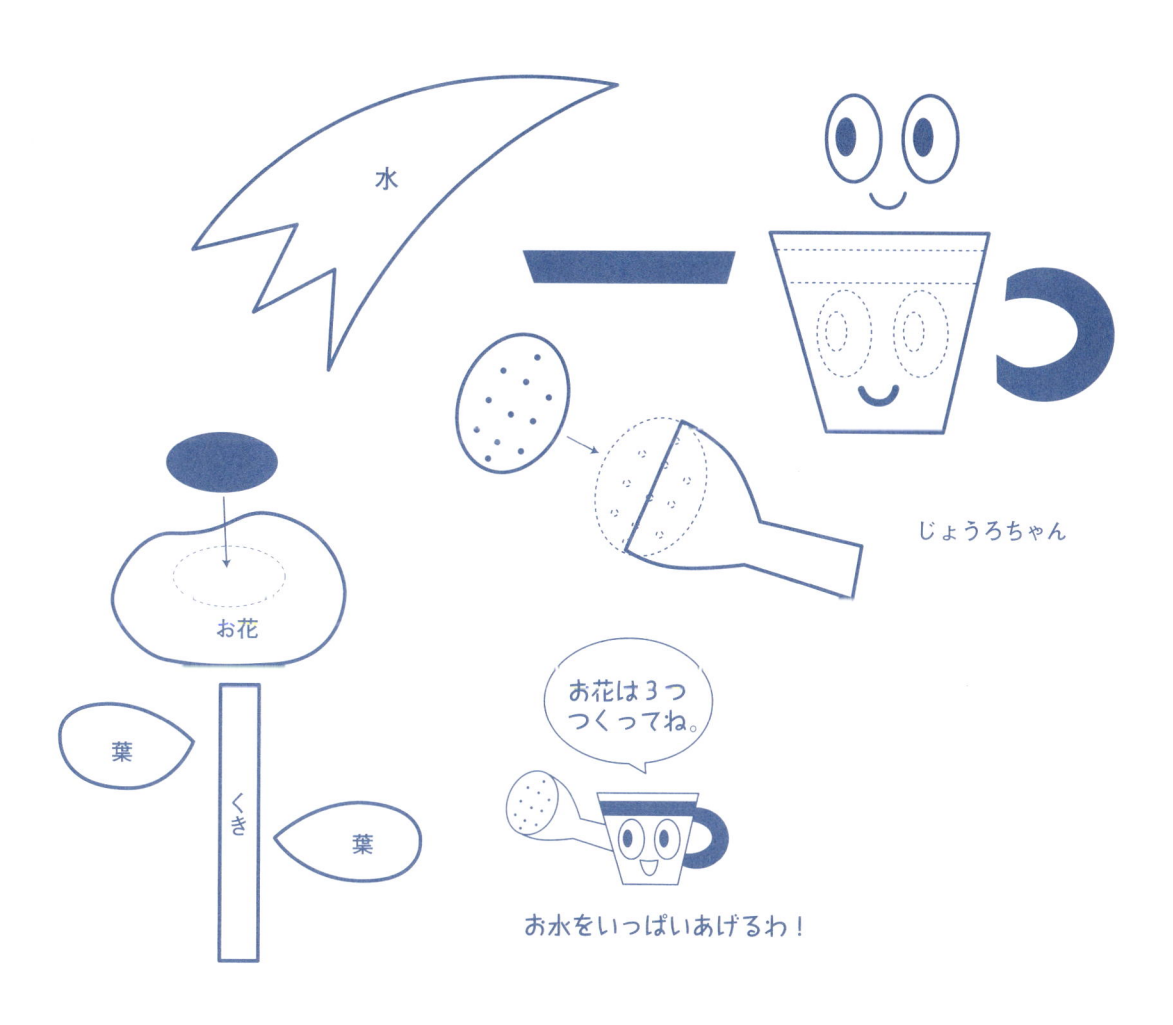

型紙

こんなふうにはってね

メッセージカード

水

じょうろちゃん

お花

葉　くき　葉

お花は3つつくってね。

お水をいっぱいあげるわ！

45

⑭ おねむのふくろうさんのカード

● Bパターン

外台紙: 9cm × 26cm
内台紙: 8cm × 21cm

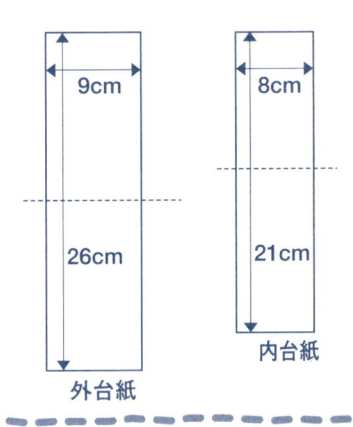

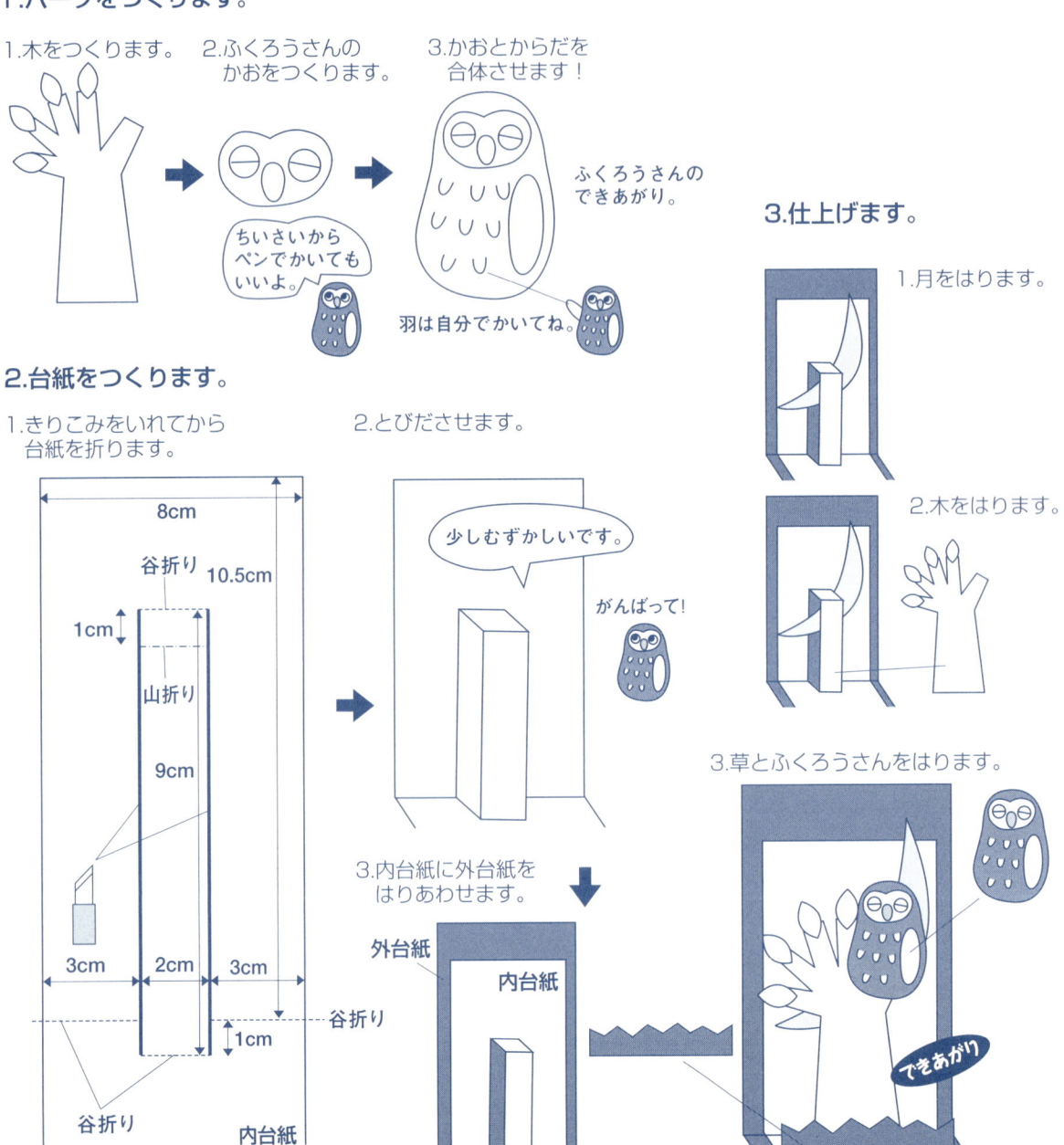

1. パーツをつくります。

1. 木をつくります。
2. ふくろうさんのかおをつくります。
   - ちいさいからペンでかいてもいいよ。
3. かおとからだを合体させます！
   - ふくろうさんのできあがり。
   - 羽は自分でかいてね。

2. 台紙をつくります。

1. きりこみをいれてから台紙を折ります。

   - 8cm
   - 谷折り 10.5cm
   - 1cm
   - 山折り
   - 9cm
   - 3cm / 2cm / 3cm
   - 谷折り
   - 1cm
   - 谷折り
   - 内台紙

2. とびださせます。
   - 少しむずかしいです。
   - がんばって！

3. 内台紙に外台紙をはりあわせます。
   - 外台紙
   - 内台紙

3. 仕上げます。

1. 月をはります。
2. 木をはります。
3. 草とふくろうさんをはります。
   - できあがり

かんたん！ とびだすカード

型紙

葉　葉　葉　葉

木

こんな
ふうに
はってね

ぐーぐー

羽は
色えんぴつで
かいてね

目とくちばし

かお

羽　羽

草

★ ほし
（カードの表紙にはってね。シールでもいいよ）

月

⑮ 波のり カモメさんのカード

● Bパターン

10cm
27cm
外台紙

1.パーツをつくります。

1.かおをつくります。

2.羽をつけます。

2.台紙をつくります。

1.きりこみをいれてから台紙を折ります。

大波

内台紙

小波が内台紙になります。

2.とびださせます。

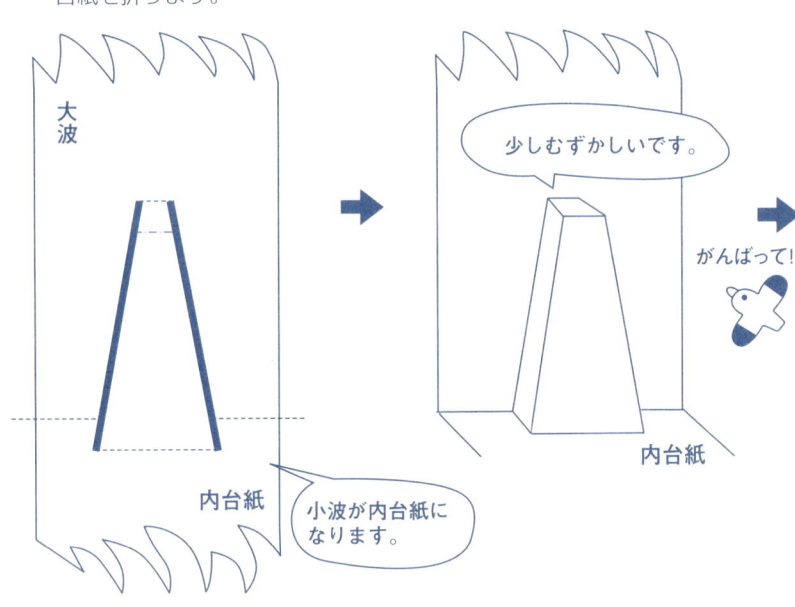

少しむずかしいです。

がんばって！

内台紙

3.仕上げます。

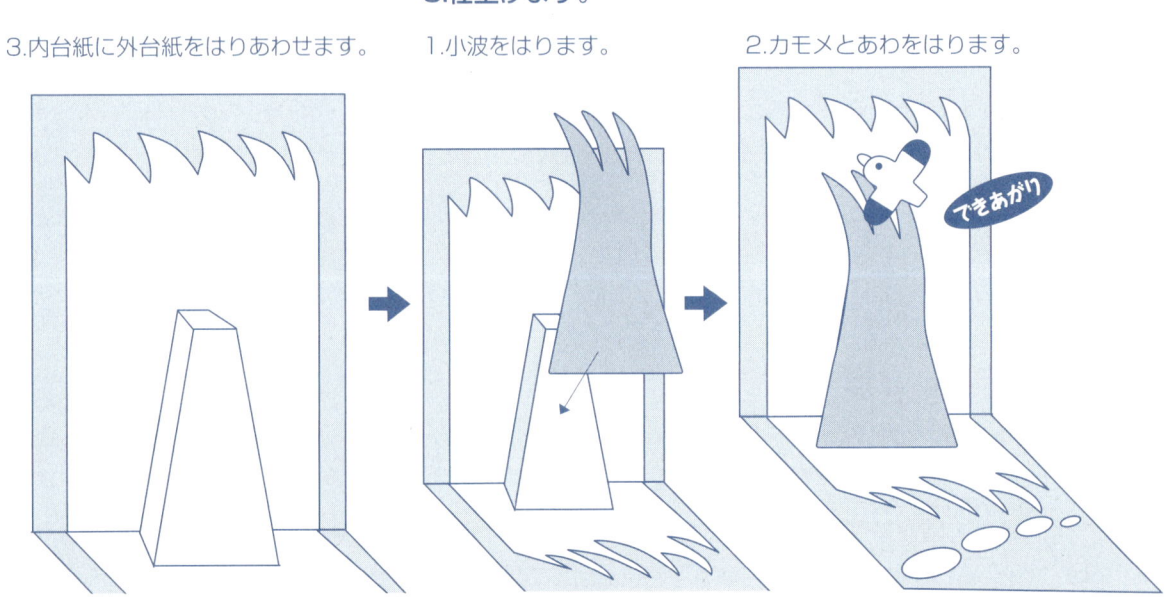

3.内台紙に外台紙をはりあわせます。

1.小波をはります。

2.カモメとあわをはります。

できあがり

かんたん！ とびだすカード

型紙

大波

谷折り
山折り
きりこみをいれる
きりこみをいれる
谷折り
谷折り
谷折り

くちばし
羽
羽

こんなふうにはってね

あわ
あわ
あわ

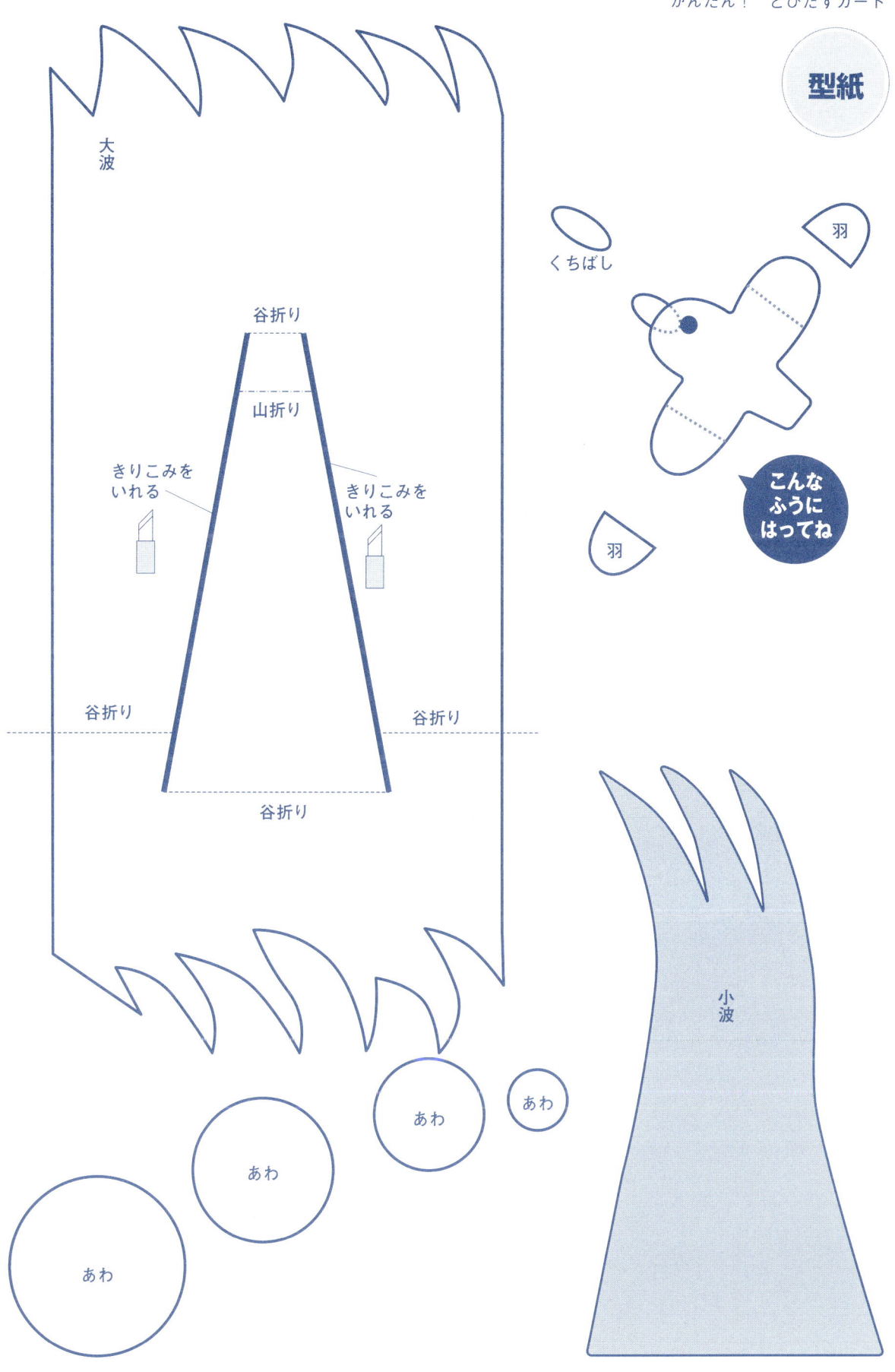

小波

⑯ がんばれ！とびばこくんのカード

● Bパターン

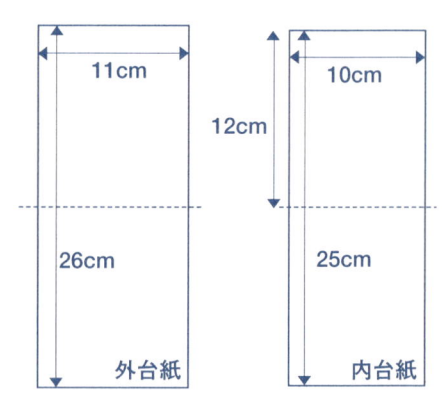

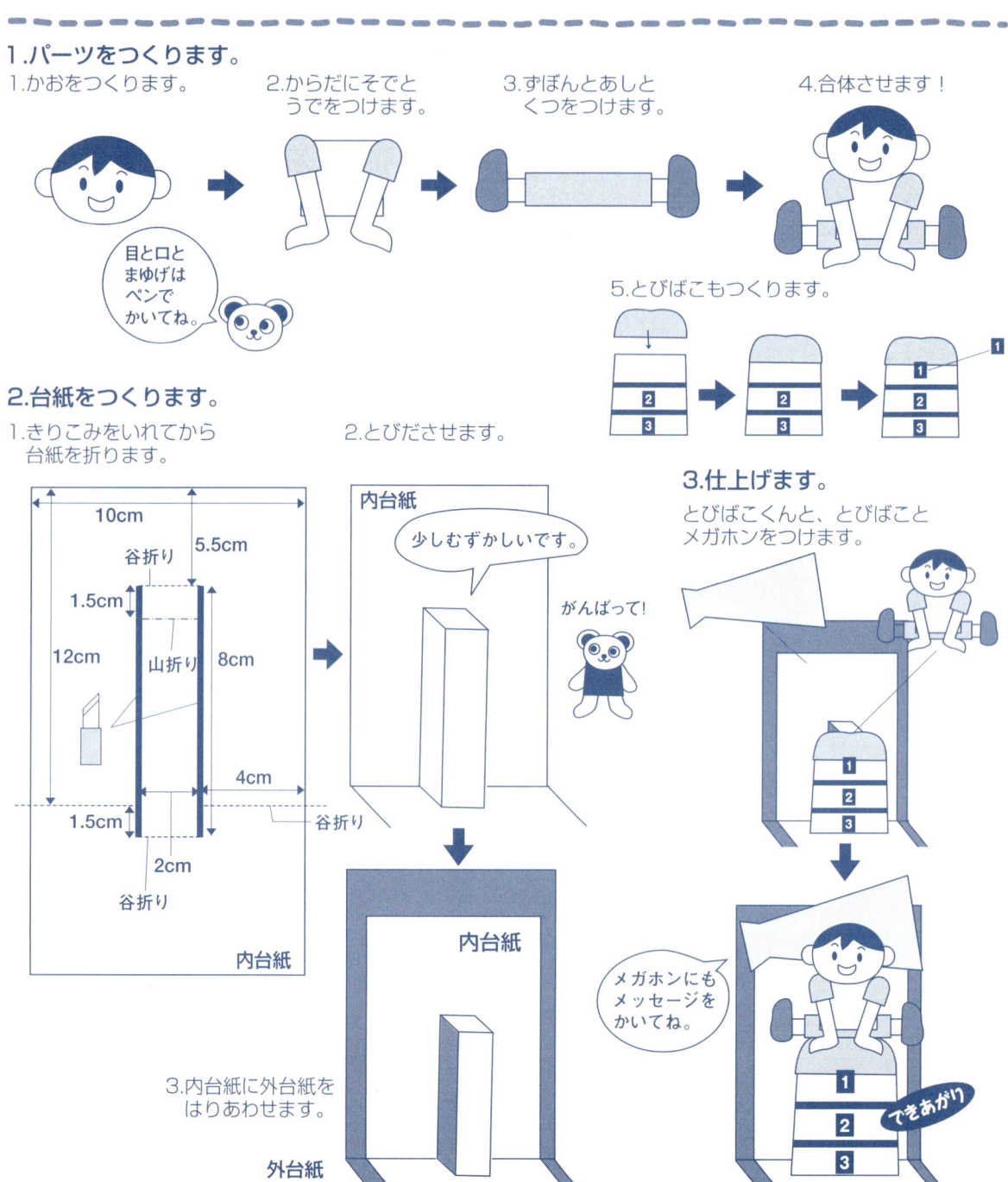

外台紙: 11cm × (12cm + 26cm)
内台紙: 10cm × 25cm

1.パーツをつくります。

1. かおをつくります。
2. からだにそでとうでをつけます。
3. ずぼんとあしとくつをつけます。
4. 合体させます！

（目と口とまゆげはペンでかいてね。）

5. とびばこもつくります。

2.台紙をつくります。

1. きりこみをいれてから台紙を折ります。

- 10cm
- 5.5cm
- 谷折り
- 1.5cm
- 山折り
- 12cm
- 8cm
- 4cm
- 1.5cm
- 2cm
- 谷折り
- 谷折り
- 内台紙

2. とびださせます。

内台紙

（少しむずかしいです。）
（がんばって！）

3. 内台紙に外台紙をはりあわせます。

外台紙
内台紙

3.仕上げます。

とびばこくんと、とびばことメガホンをつけます。

（メガホンにもメッセージをかいてね。）

できあがり

かんたん！ とびだすカード

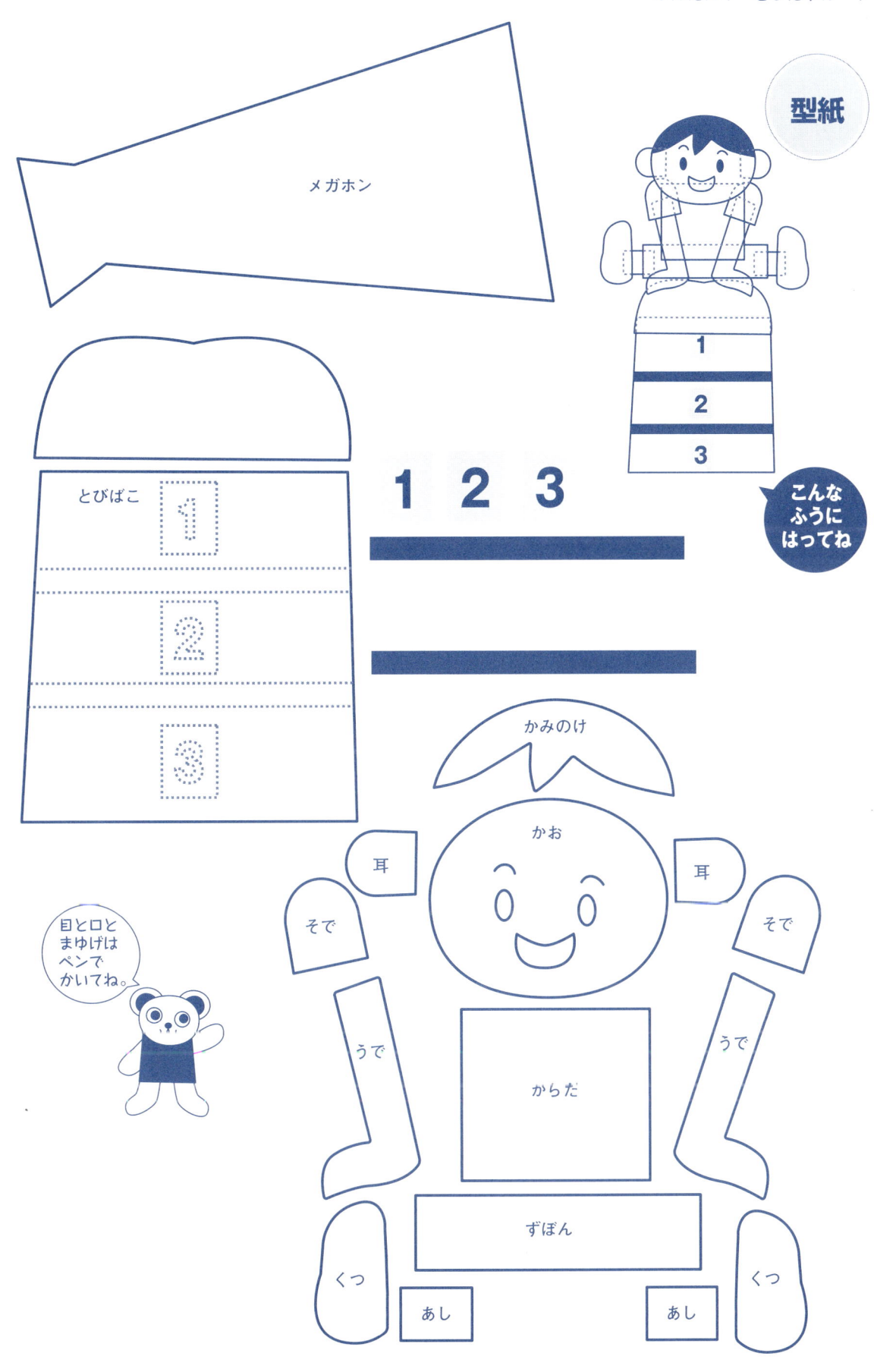

型紙

メガホン

1
2
3

こんなふうにはってね

とびばこ
1
2
3

1 2 3

目と口とまゆげはペンでかいてね。

かみのけ

かお

耳　　　耳

そで　　そで

うで　　うで

からだ

ずぼん

くつ　　くつ

あし　　あし

51

⑰ ラッキーねこちゃんのカード

● Bパターン

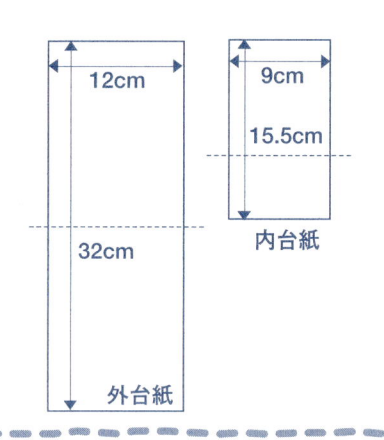

12cm / 32cm 外台紙
9cm / 15.5cm 内台紙

1.パーツをつくります。

1. かおをつくります。 
   かおは自分でかいてもいいよ。
2. あしをからだにつけます。 
3. からだにかおをつけます。
4. さいごに、うでをつけます。

ラッキーねこちゃんのできあがり。

2.台紙をつくります。

1. 台紙を折る前にきりこみをいれます。

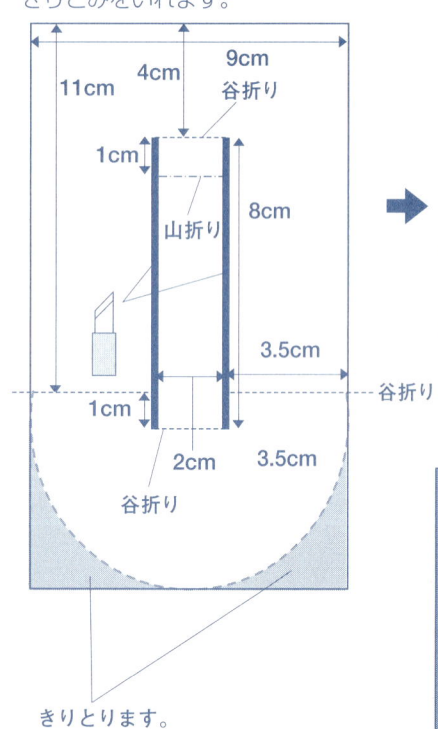

11cm / 4cm / 9cm 谷折り
1cm / 山折り / 8cm
3.5cm
1cm / 2cm / 3.5cm 谷折り
谷折り
きりとります。

2. とびださせます。

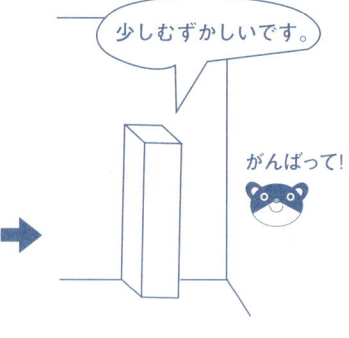

少しむずかしいです。
がんばって!

3. 内台紙に外台紙をはりあわせます。
内台紙をななめにカットします。

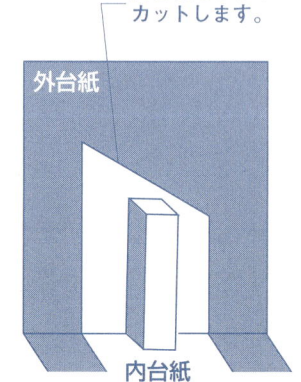

外台紙 / 内台紙

3.仕上げます。

1. たまを半分に折ってとびだし部分にはります。

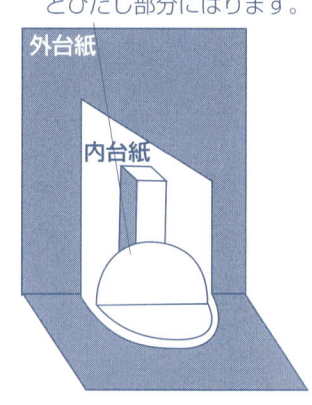

外台紙 / 内台紙

2. ねこちゃんをはります。

できあがり

かんたん！ とびだすカード

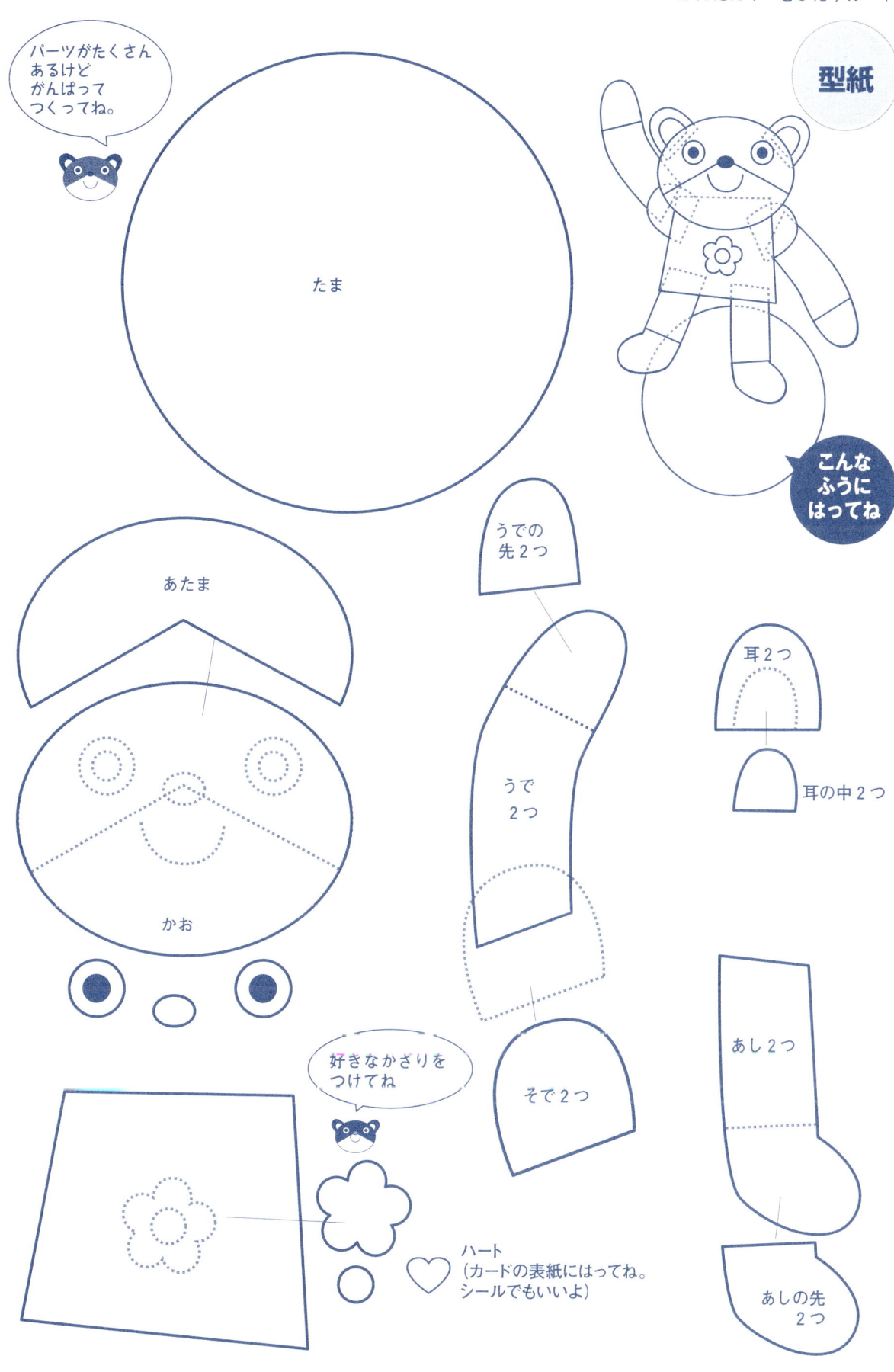

型紙

パーツがたくさん
あるけど
がんばって
つくってね。

たま

こんな
ふうに
はってね

あたま

うでの
先2つ

耳2つ

うで
2つ

耳の中2つ

かお

好きなかざりを
つけてね

そで2つ

あし2つ

ハート
（カードの表紙にはってね。
シールでもいいよ）

あしの先
2つ

53

⑱ ぶらぶらモンキーのカード

●Bパターン

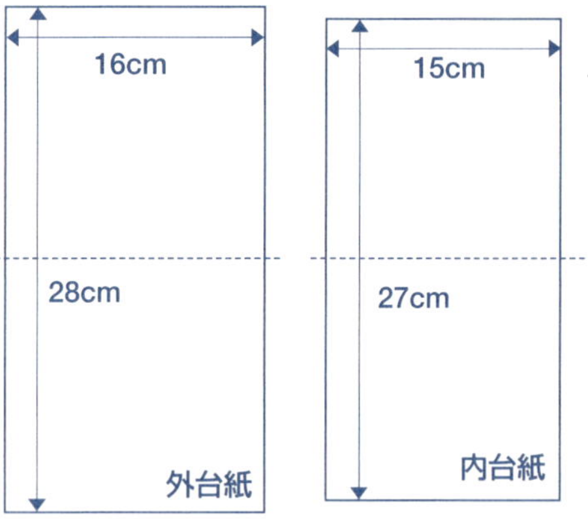

16cm / 28cm 外台紙
15cm / 27cm 内台紙

1.パーツをつくります。

1.かおをつくります。
かおは自分でかいてもいいよ。

2.からだにしっぽとあしをつけます。

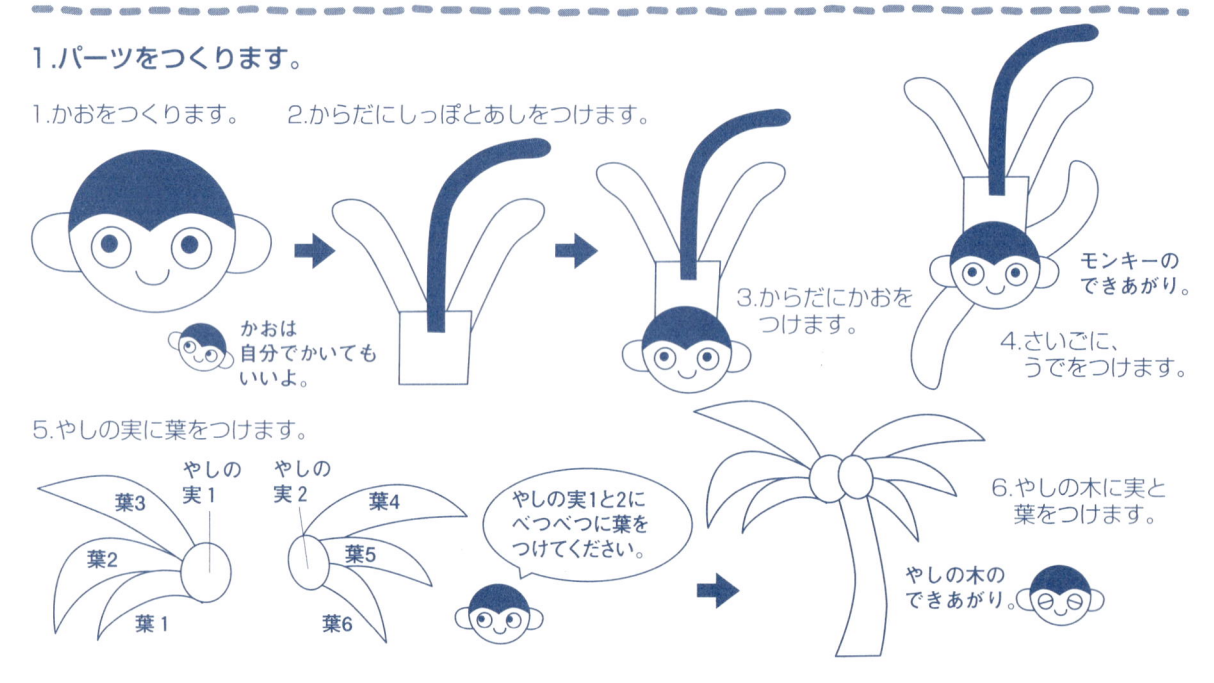

3.からだにかおをつけます。

モンキーのできあがり。
4.さいごに、うでをつけます。

5.やしの実に葉をつけます。

やしの実1　葉3／葉2／葉1
やしの実2　葉4／葉5／葉6

やしの実1と2にべつべつに葉をつけてください。

6.やしの木に実と葉をつけます。
やしの木のできあがり。

2.台紙をつくります。

1.台紙を折る前にきりこみをいれます。

5.5cm
谷折り
1.5cm
山折り
8.5cm
1.5cm
5cm
1.5cm
谷折り
谷折り
内台紙

少しむずかしいです。
がんばって！

2.とびださせます。

3.内台紙に外台紙をはりあわせます。

内台紙
外台紙

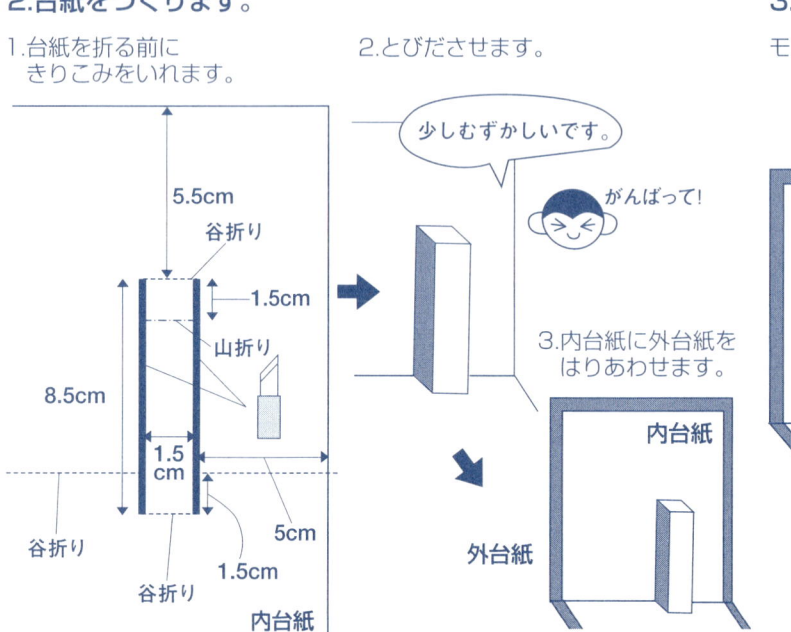

3.仕上げます。

モンキーとやしの木をつけます。

モンキーのしっぽだけをこの葉っぱのうらにつけてね。

ぶらぶら
できあがり

メッセージカードをはってね。

かんたん！ とびだすカード

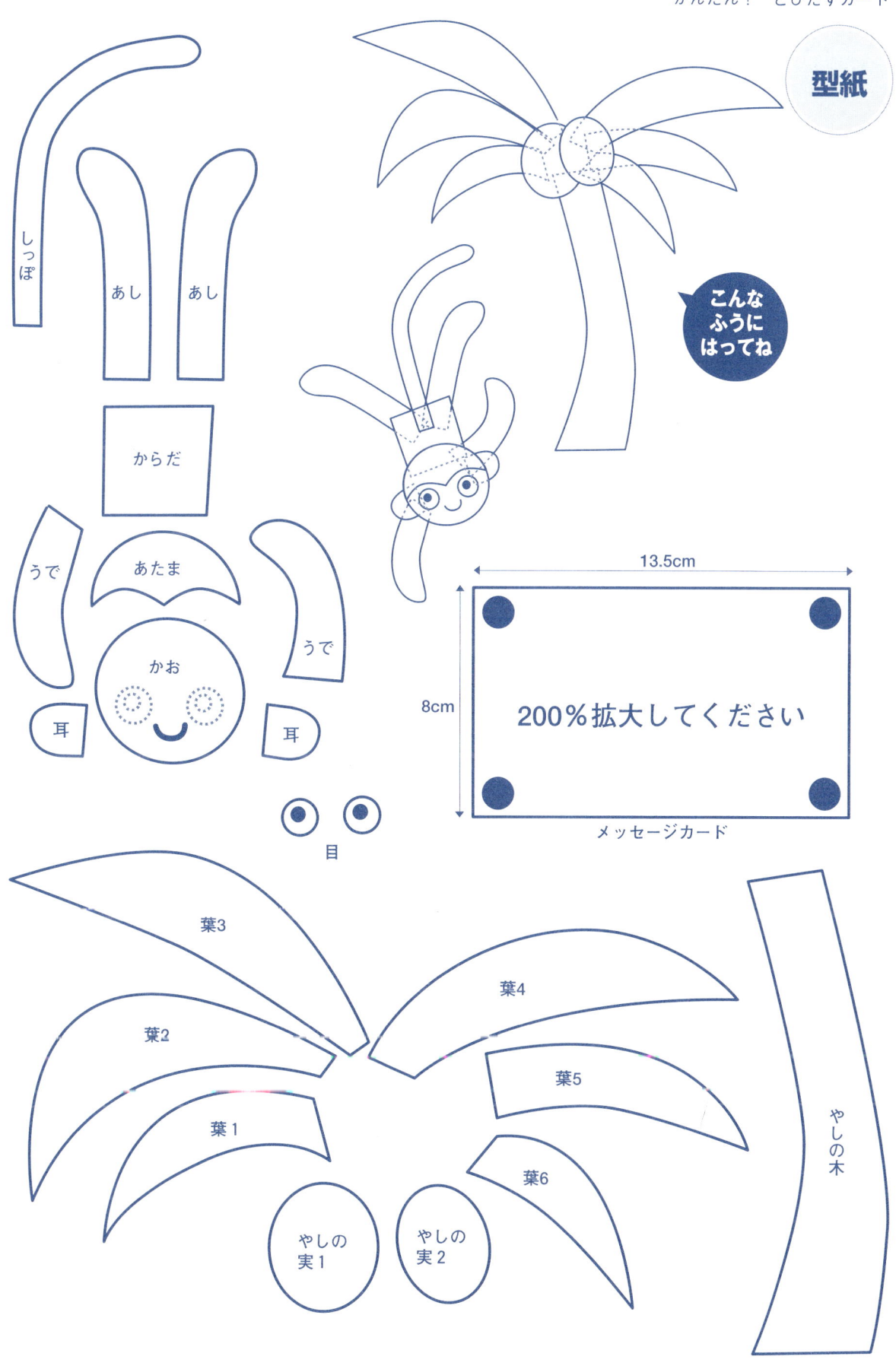

型紙

こんな
ふうに
はってね

しっぽ
あし　あし
からだ
うで　あたま　うで
耳　かお　耳
目

13.5cm
8cm
200％拡大してください
メッセージカード

葉3
葉2
葉1
葉4
葉5
葉6
やしの木
やしの実1　やしの実2

⑲ くりひろい リスさんのカード

● Bパターン

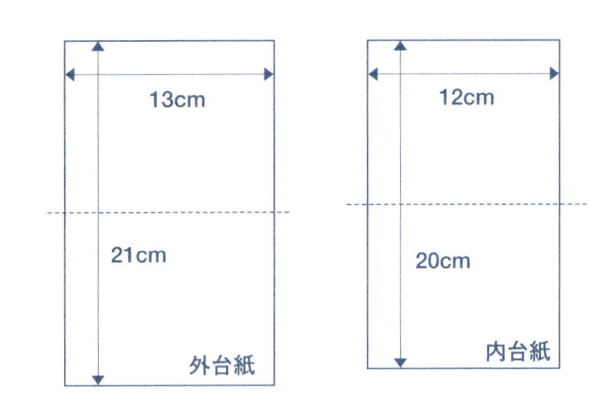

外台紙: 13cm × 21cm
内台紙: 12cm × 20cm

---

1. パーツをつくります。

1. かおをつくります。
   耳もつけてね。
   目や口は自分でかいてもいいよ。

2. からだにあしと左うでをはります。

3. からだにかおをはります。

4. さいごに、右うでとしっぽをはります。
   しっぽのグルグルは自分でかいてね。
   リスさんのできあがり。

くりとはしごとおはしもつくってね。
くりのかおは自分でかいてもいいよ。

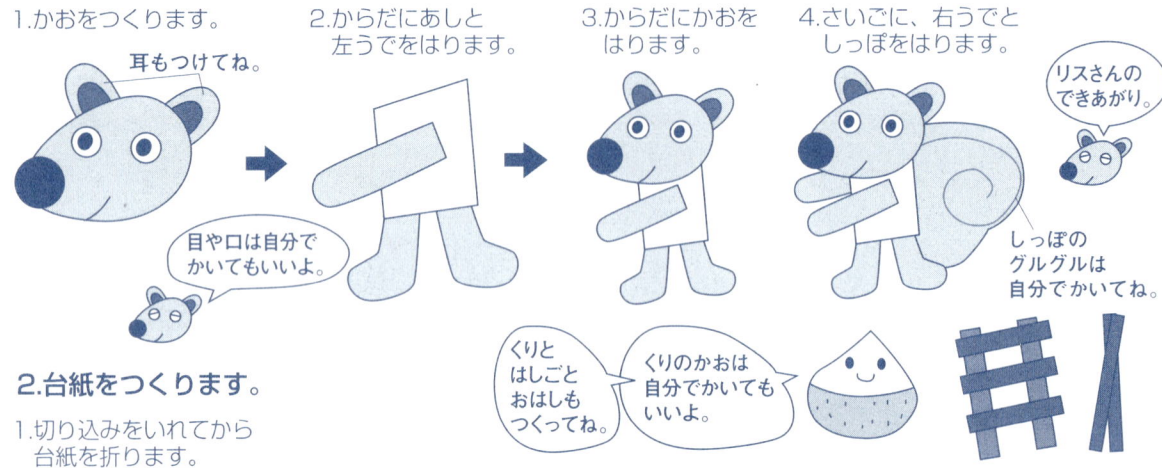

2. 台紙をつくります。

1. 切り込みをいれてから台紙を折ります。

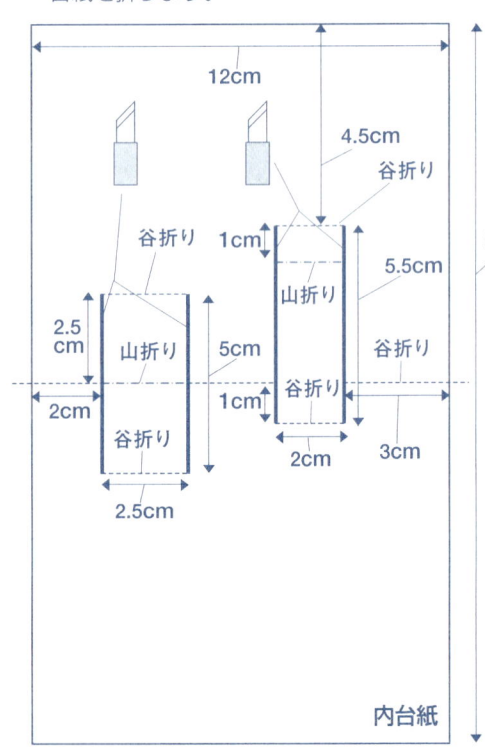

内台紙: 12cm × 20cm
4.5cm / 谷折り
1cm / 山折り / 5.5cm
2.5cm / 山折り / 5cm / 谷折り
2cm / 1cm / 谷折り
2.5cm / 2cm / 3cm
谷折り

2. とびださせます。
   少しむずかしいです。
   2つあります。
   がんばって!

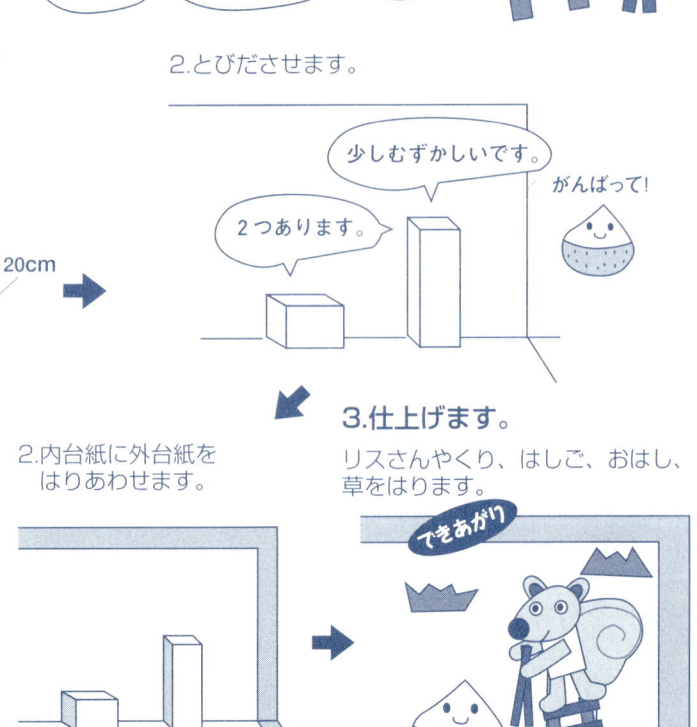

2. 内台紙に外台紙をはりあわせます。

3. 仕上げます。

リスさんやくり、はしご、おはし、草をはります。

できあがり

かんたん！ とびだすカード

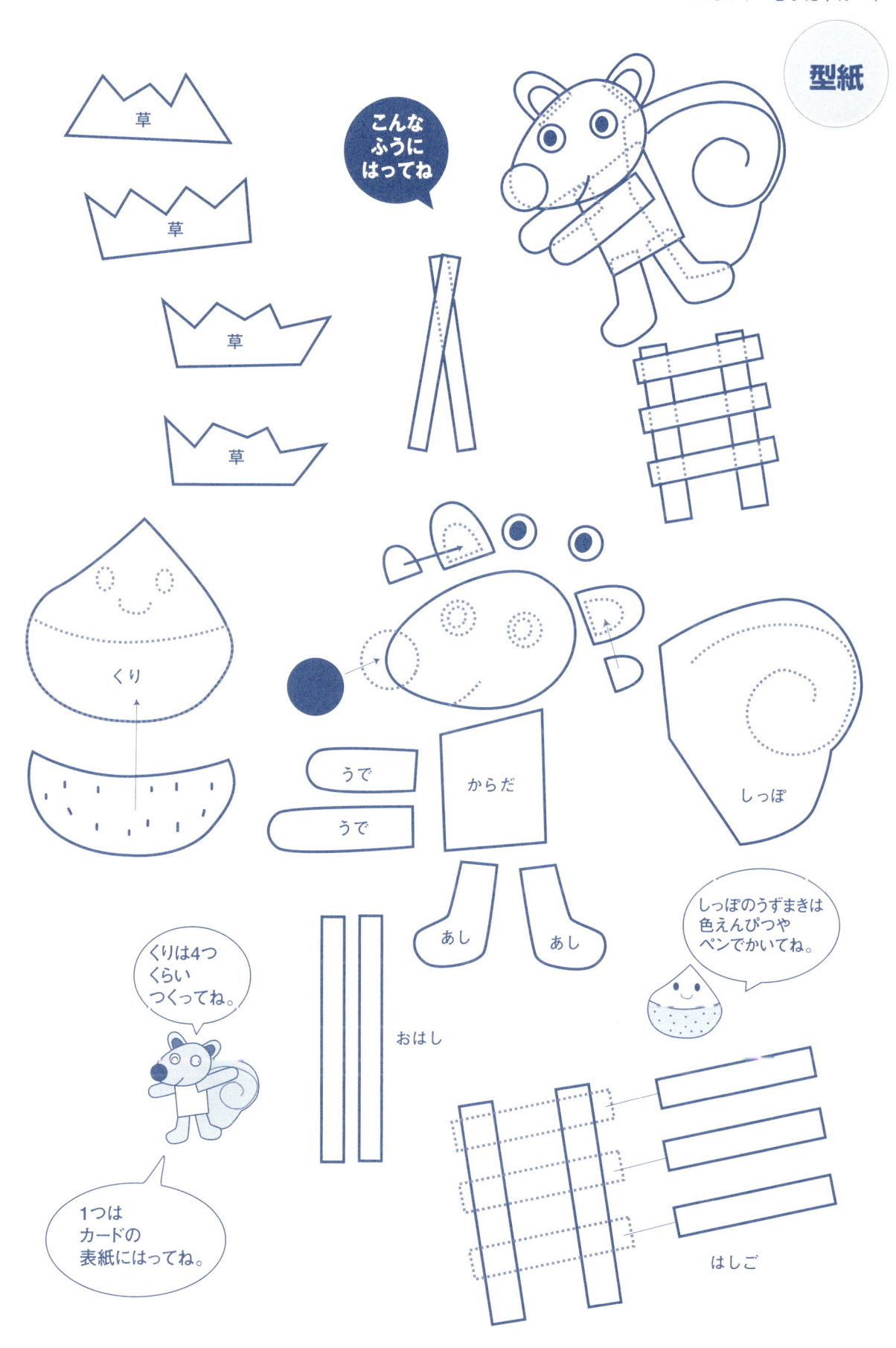

型紙

こんなふうにはってね

草
草
草
草

くり

うで
うで
からだ
あし
あし

しっぽ

しっぽのうずまきは色えんぴつやペンでかいてね。

くりは4つくらいつくってね。

おはし

1つはカードの表紙にはってね。

はしご

⑳ にこにこ赤ちゃんのカード

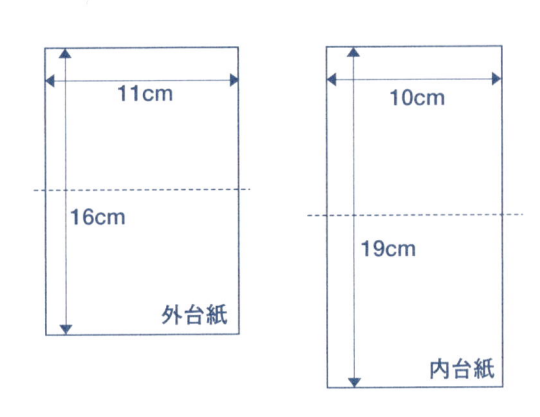

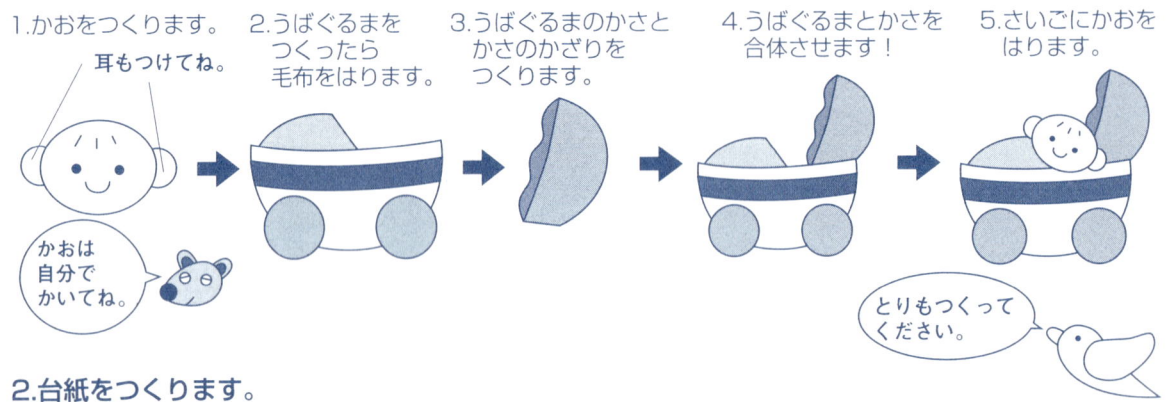

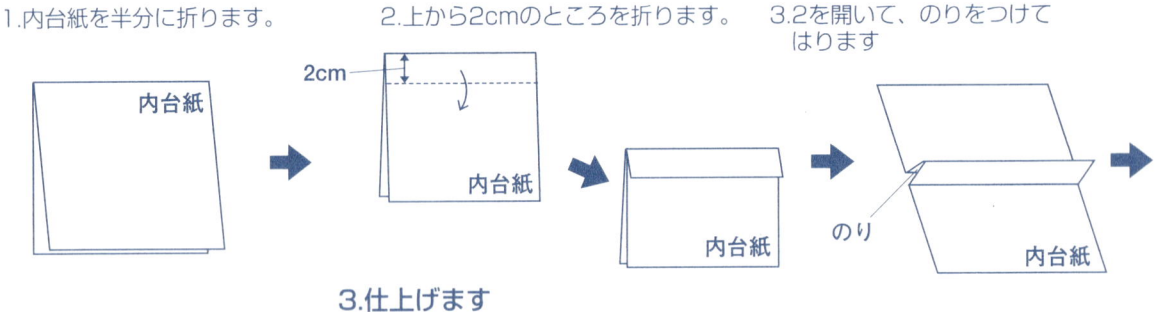

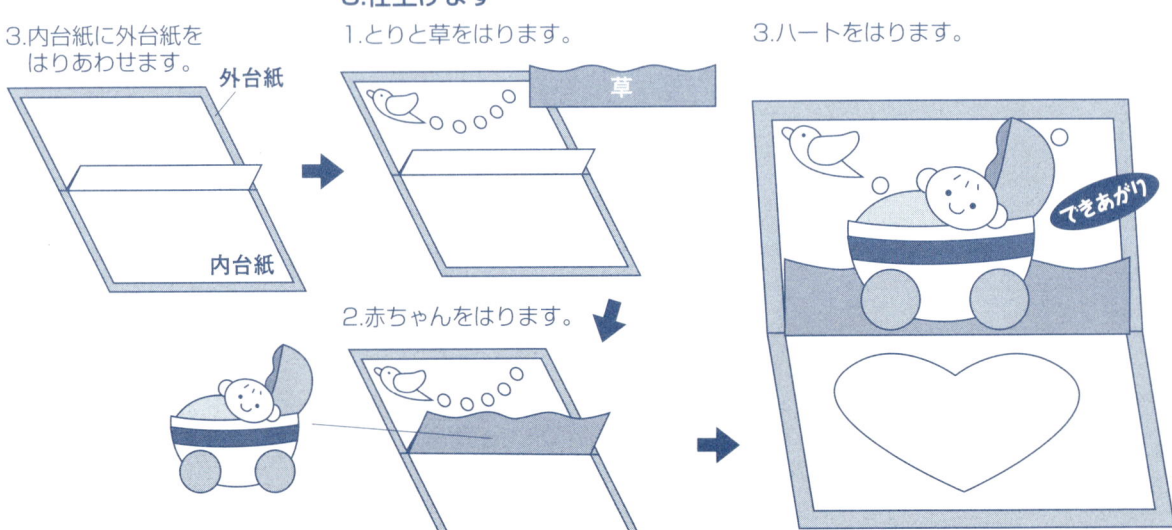

● Cパターン

外台紙: 11cm × 16cm
内台紙: 10cm × 19cm

---

1. パーツをつくります。

1. かおをつくります。耳もつけてね。かおは自分でかいてね。
2. うばぐるまをつくったら毛布をはります。
3. うばぐるまのかさとかさのかざりをつくります。
4. うばぐるまとかさを合体させます！
5. さいごにかおをはります。

とりもつくってください。

2. 台紙をつくります。

1. 内台紙を半分に折ります。
2. 上から2cmのところを折ります。
3. 2を開いて、のりをつけてはります。

3. 仕上げます

3. 内台紙に外台紙をはりあわせます。
1. とりと草をはります。
2. 赤ちゃんをはります。
3. ハートをはります。

できあがり

開くカード

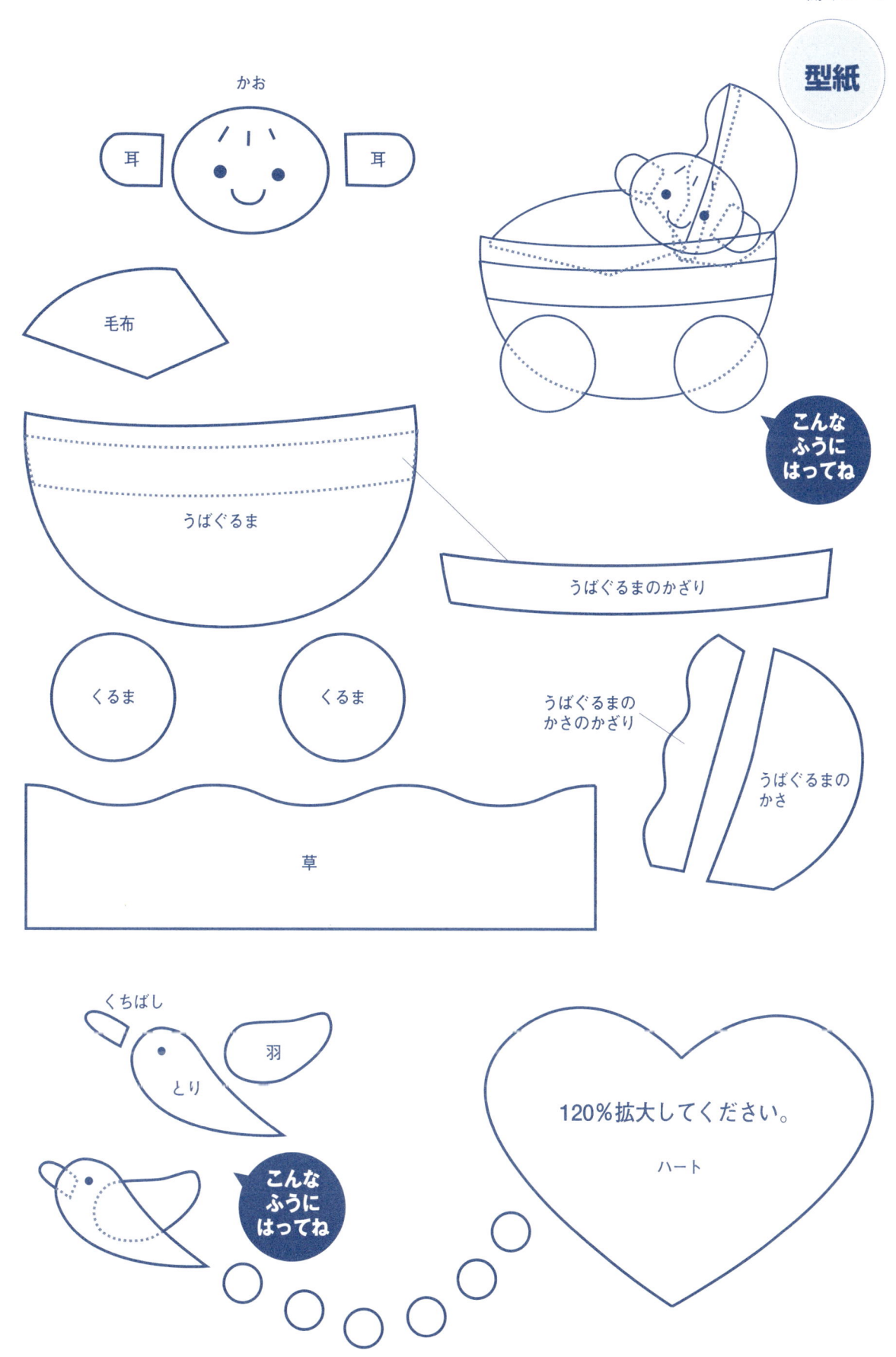

型紙

かお
耳 耳

毛布

こんなふうにはってね

うばぐるま

うばぐるまのかざり

くるま　くるま

うばぐるまのかさのかざり

うばぐるまのかさ

草

くちばし
羽
とり

こんなふうにはってね

120％拡大してください。

ハート

㉑ 南の島の カモメさんのカード

● Cパターン

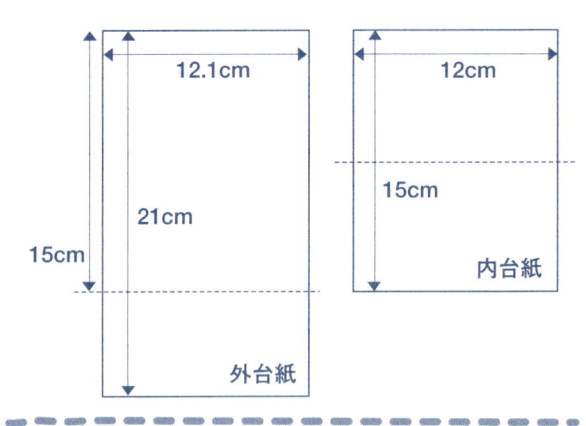

外台紙: 12.1cm × 21cm（15cm）
内台紙: 12cm × 15cm

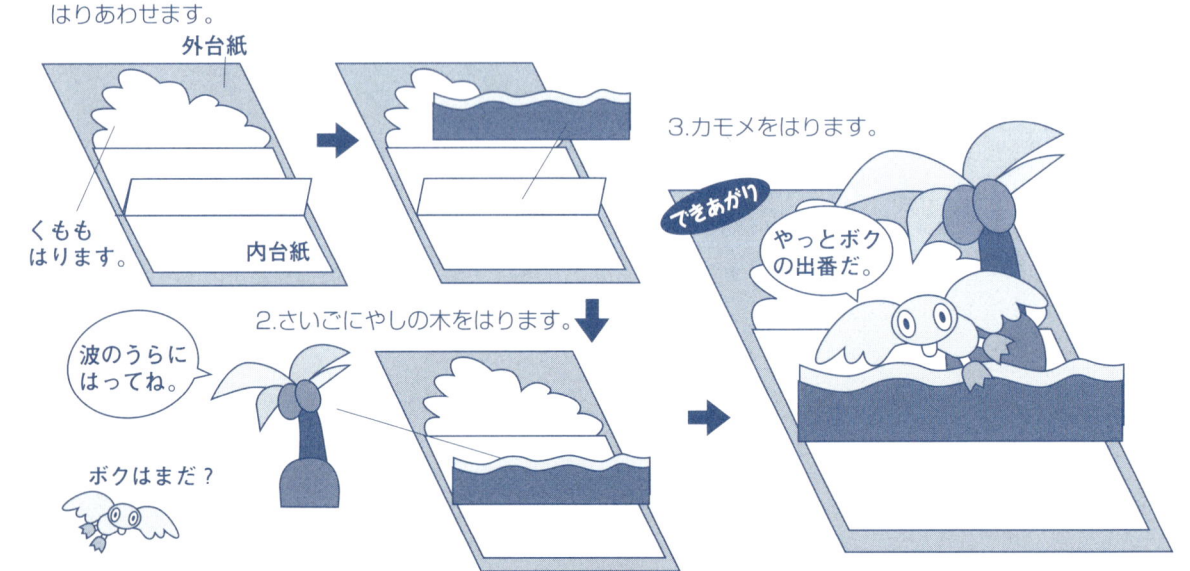

1.パーツをつくります。

1. かおをつくります。
  （くちばしもつけてね。）
2. からだにあしをはります。
3. かおとからだを合体させます！
5. 羽をつけます。

6. なみをつくります。
  少しずらしてはります。

7. やしの実と葉をつくります。
8. 木をはります。
9. しまをはります。

2.台紙をつくります。

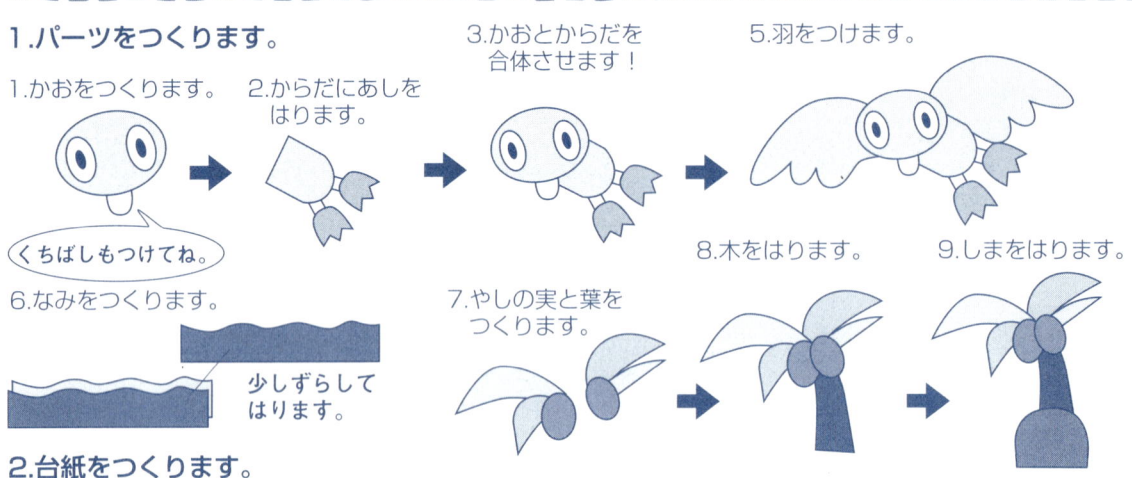

1. 内台紙を半分に折ります。
2. 上から1.5cmのところを折ります。
3. 開いて、のりをつけてはります。
4. 内台紙に外台紙をはりあわせます。
   くももはります。

3.仕上げます。

1. 波をはります。
2. さいごにやしの木をはります。
   （波のうらにはってね。）
   ボクはまだ？
3. カモメをはります。

できあがり
「やっとボクの出番だ。」

開くカード

●このページは120％拡大してください。

型紙

羽2つ
目
かお
くちばし
2つ
あし2つ
からだ

こんなふうにはってね

波2つ

葉2
葉1
葉3
葉4
やしの実2
やしの実1
やしの木
くも
しま

㉒ 手ぶくろうさぎちゃんのカード

● Bパターン

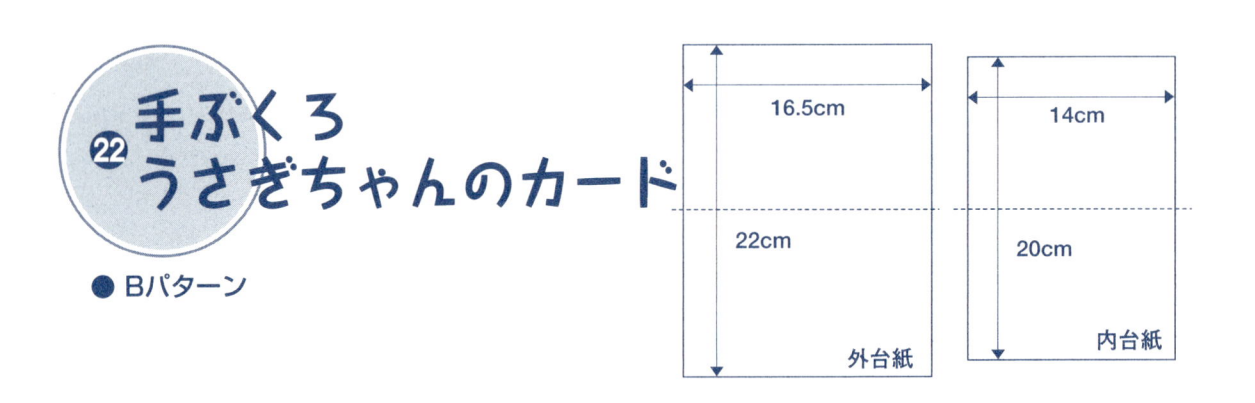

16.5cm / 22cm 外台紙
14cm / 20cm 内台紙

---

1. パーツをつくります。

1. かおをつくります。

目とひげは自分でかいてね。

ラッコみたい。

2. 耳をつくります。

3. 合体させます！

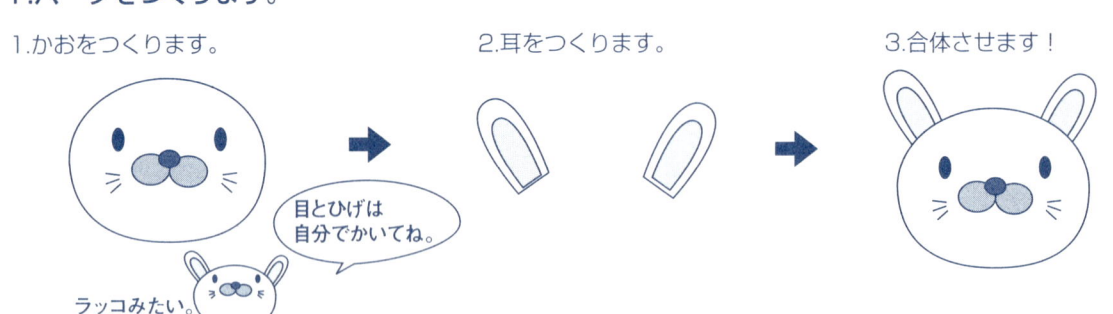

2. 台紙をつくります。

1. きりこみをいれてから台紙を折ります。

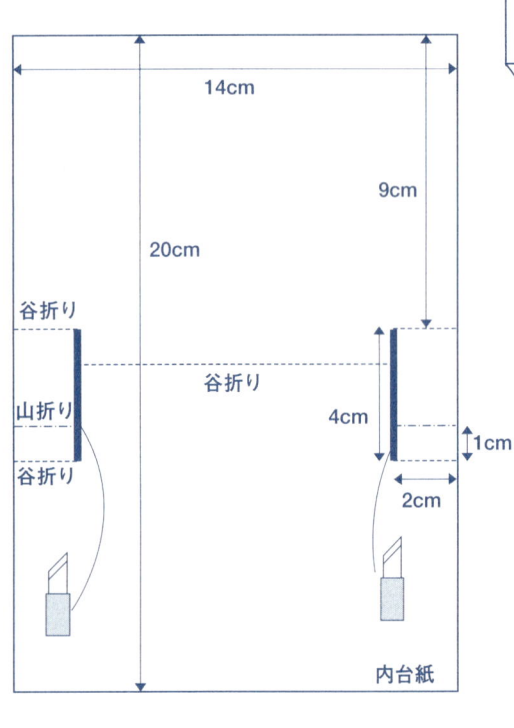

14cm / 20cm / 9cm
谷折り / 山折り / 谷折り
谷折り
4cm / 2cm / 1cm
内台紙

2. とびださせます。

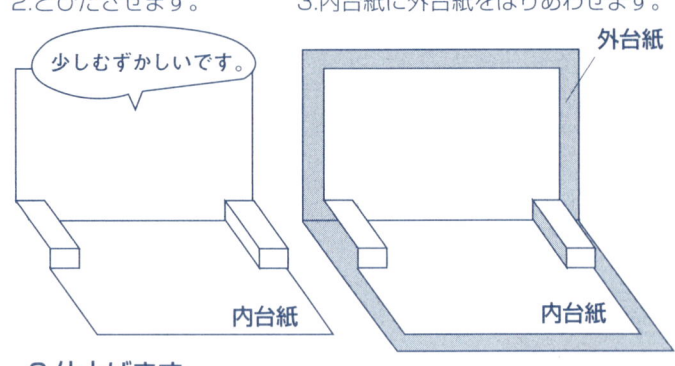

少しむずかしいです。

内台紙

3. 内台紙に外台紙をはりあわせます。

外台紙
内台紙

3. 仕上げます。

うさぎちゃんと手ぶくろをはります。

ほしのかわりに好きなかざりをつけてみてね。

できあがり

アニマル集まれ！

こんなふうにはってね

型紙

☆はパンチを使うと簡単だよ。

耳 / 耳の中 / 耳の中 / 耳

かお

手ぶくろ / 目 / 目 / 手ぶくろ

はな / はな / はな

㉓ 食べすぎ注意！ぶたさんのカード

● Bパターン

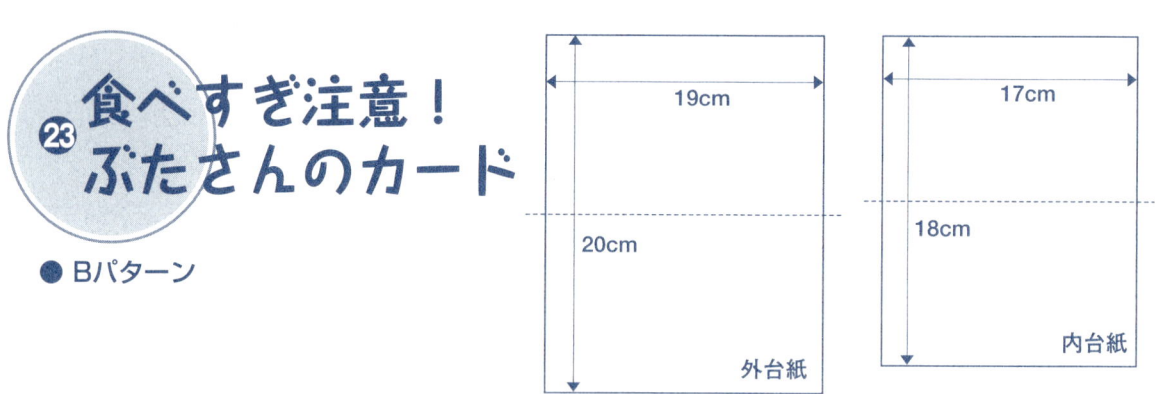

外台紙: 19cm × 20cm
内台紙: 17cm × 18cm

1. パーツをつくります。

1. かおをつくります。
   耳をつけてね。
   かおは自分でかいてね。

2. 手を2つつくっておきます。

3. はなもつくっておいてください。

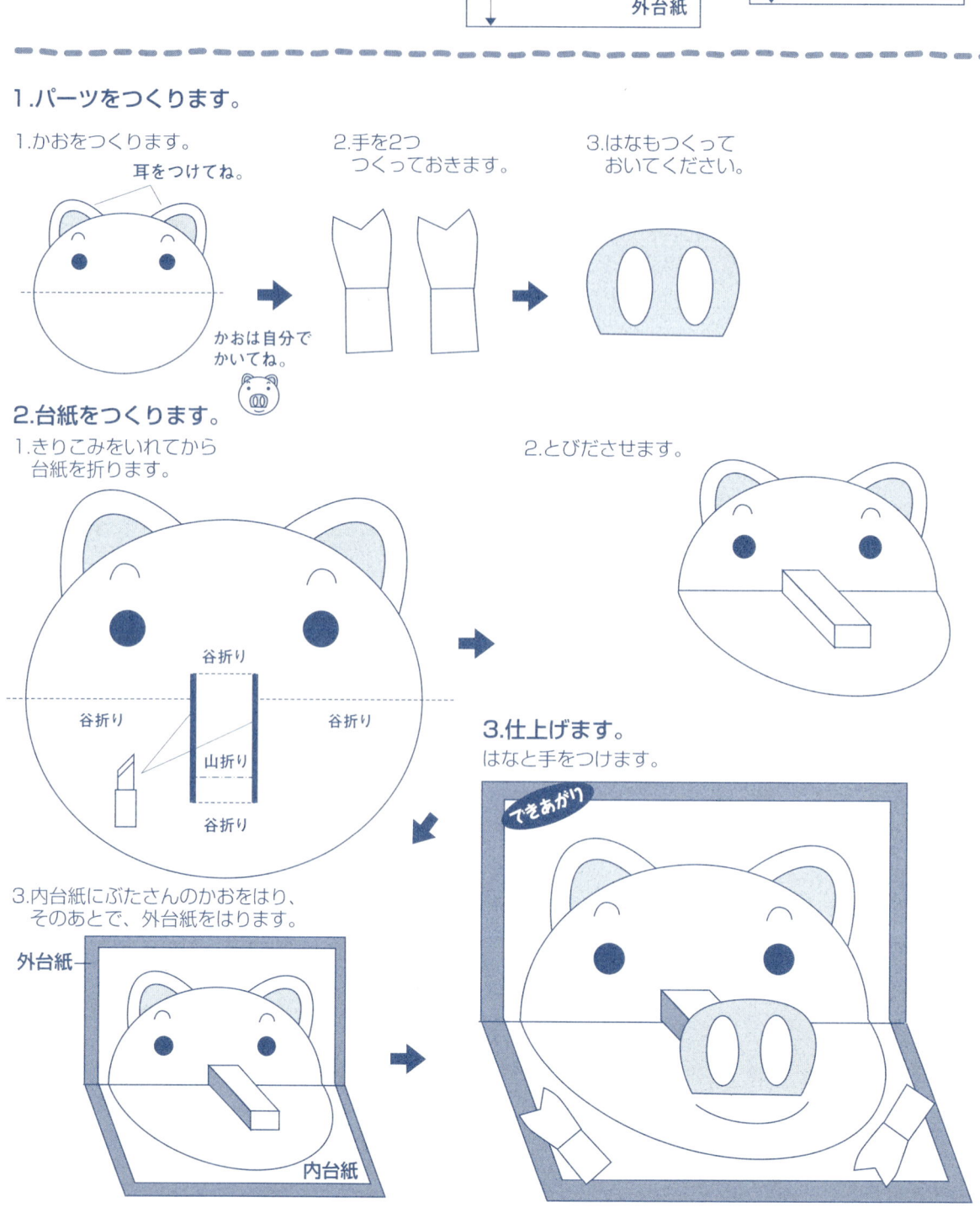

2. 台紙をつくります。

1. きりこみをいれてから台紙を折ります。
   谷折り／山折り／谷折り

2. とびださせます。

3. 内台紙にぶたさんのかおをはり、そのあとで、外台紙をはります。

3. 仕上げます。
はなと手をつけます。

できあがり

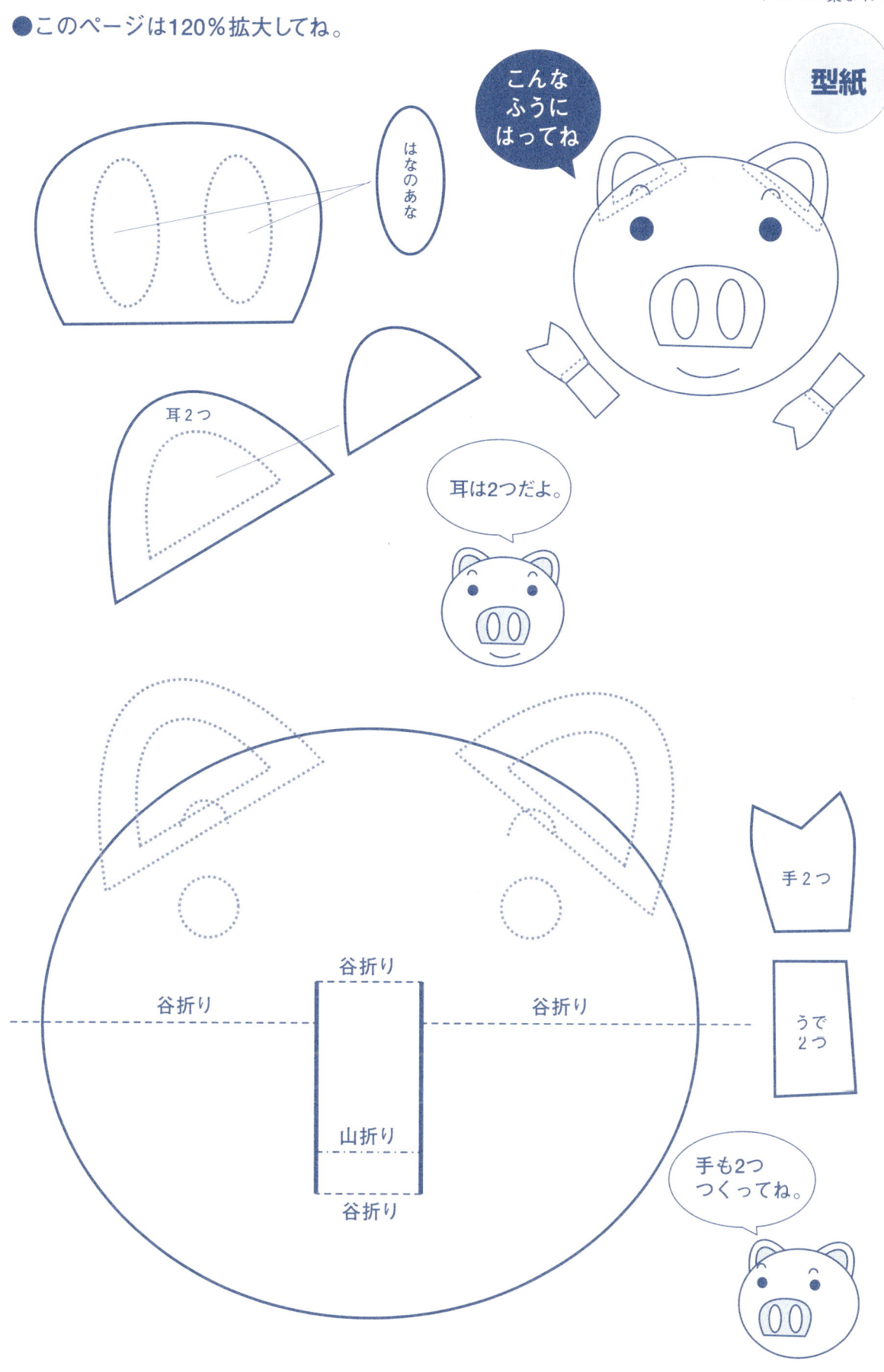

●このページは120％拡大してね。

アニマル集まれ！

こんなふうにはってね

型紙

はなのあな

耳2つ

耳は2つだよ。

谷折り
谷折り
谷折り
山折り
谷折り

手2つ

うで2つ

手も2つつくってね。

㉔ 王様ライオンのカード

● Bパターン

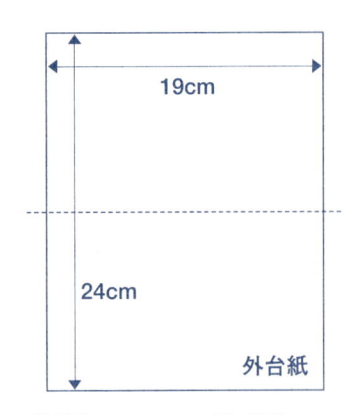

19cm
24cm
外台紙

1. パーツをつくります。

1. かおをつくります。

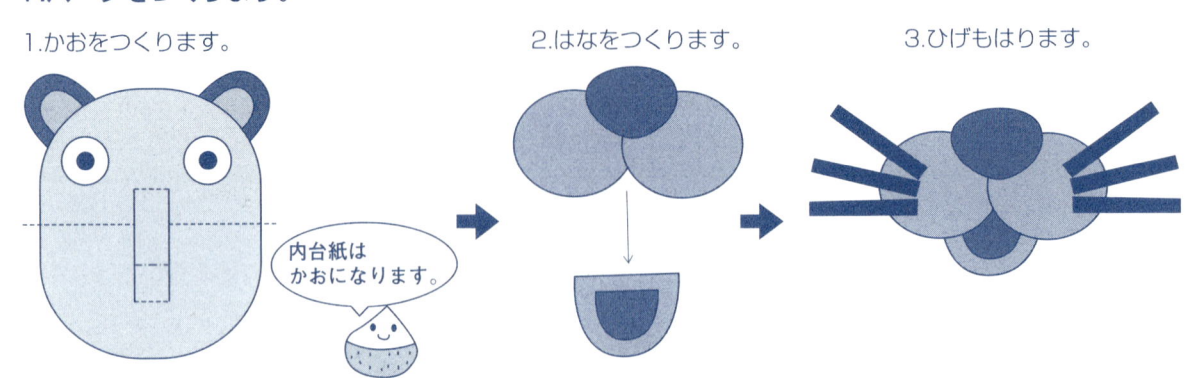

内台紙はかおになります。

2. はなをつくります。

3. ひげもはります。

2. 台紙をつくって仕上げます。

1. きりこみをいれてから台紙を折ります。

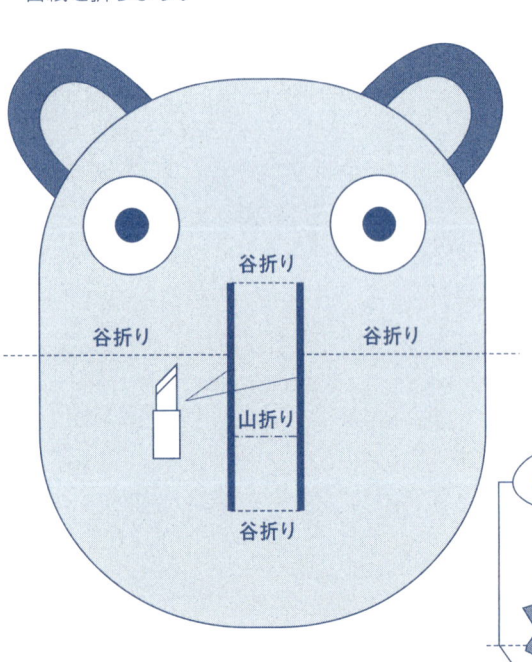

谷折り　山折り　谷折り　谷折り

2. とびださせます。

少しむずかしいです。

がんばって！

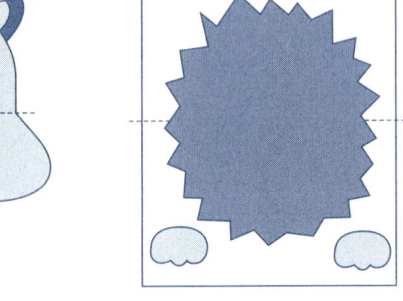

3. 中心の折り線にあわせて、2をはります。

3. 外台紙にたてがみと手をはります。

外台紙

4. おうかんとはなをはります。

できあがり

少しむずかしいです。

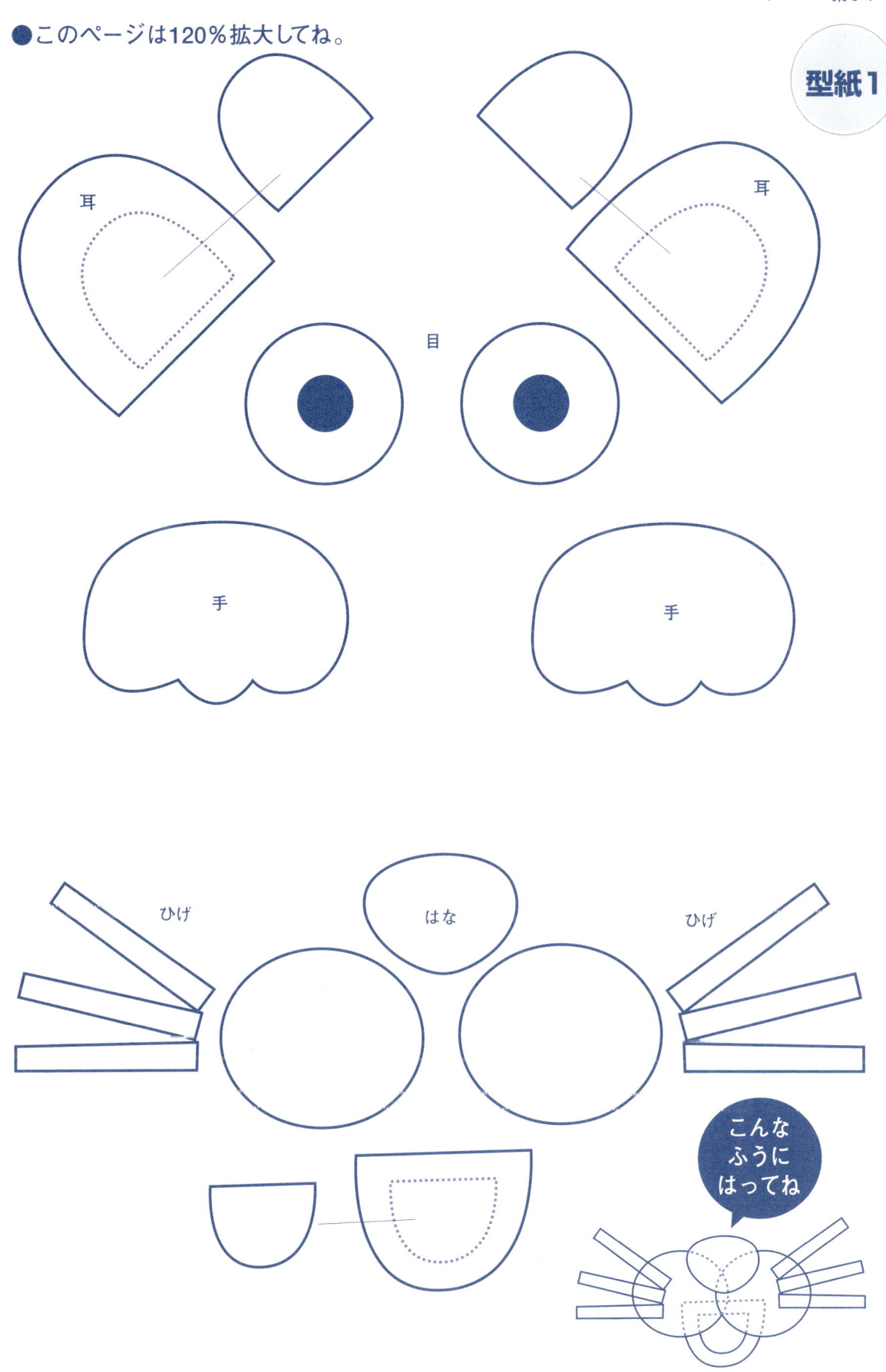

●このページは120％拡大してね。

型紙1

耳　耳

目

手　手

ひげ　はな　ひげ

こんなふうにはってね

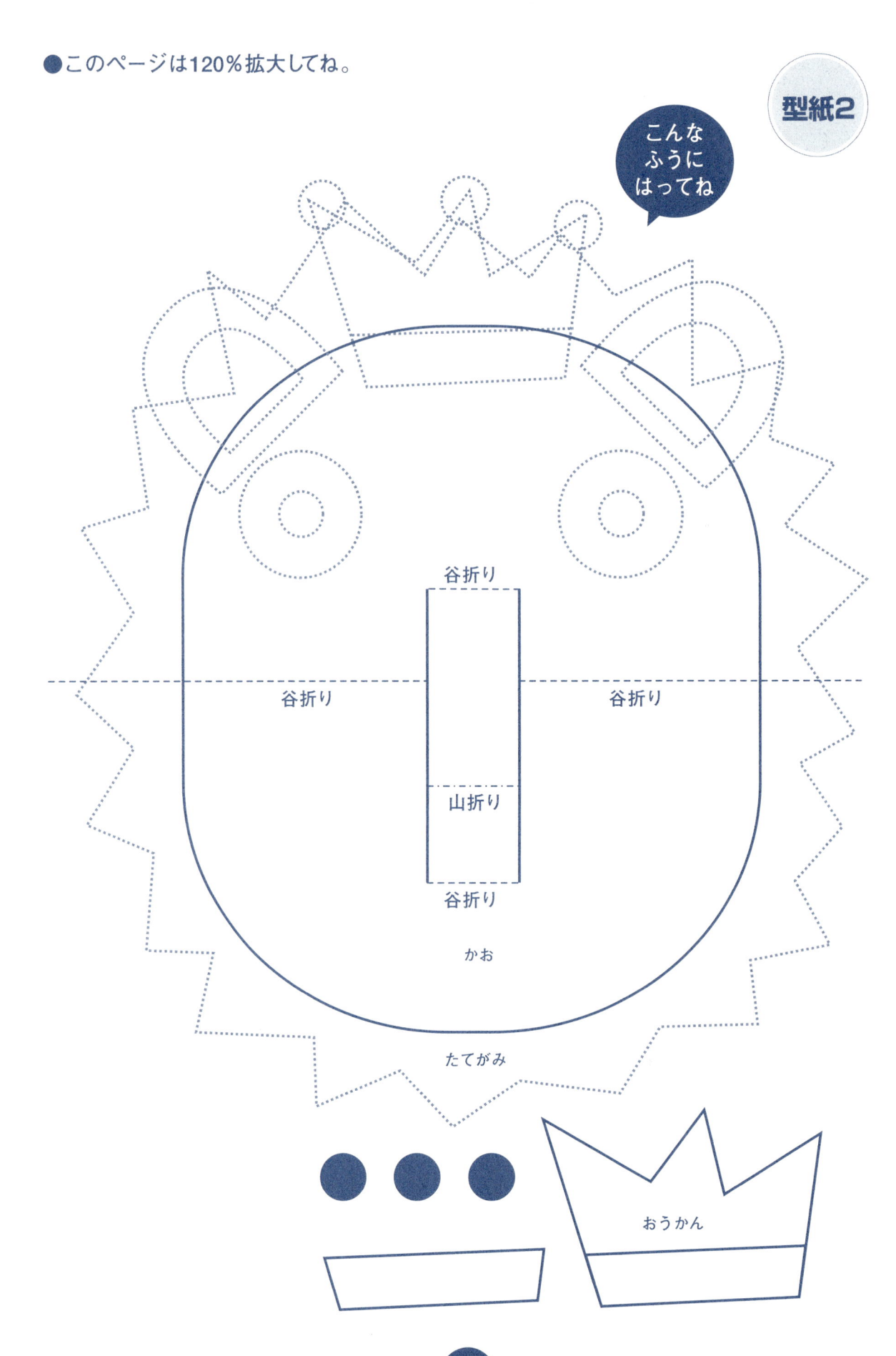

●このページは120%拡大してね。

型紙2

こんなふうにはってね

谷折り

谷折り　　谷折り

山折り

谷折り

かお

たてがみ

おうかん

●このページは120％拡大してね。

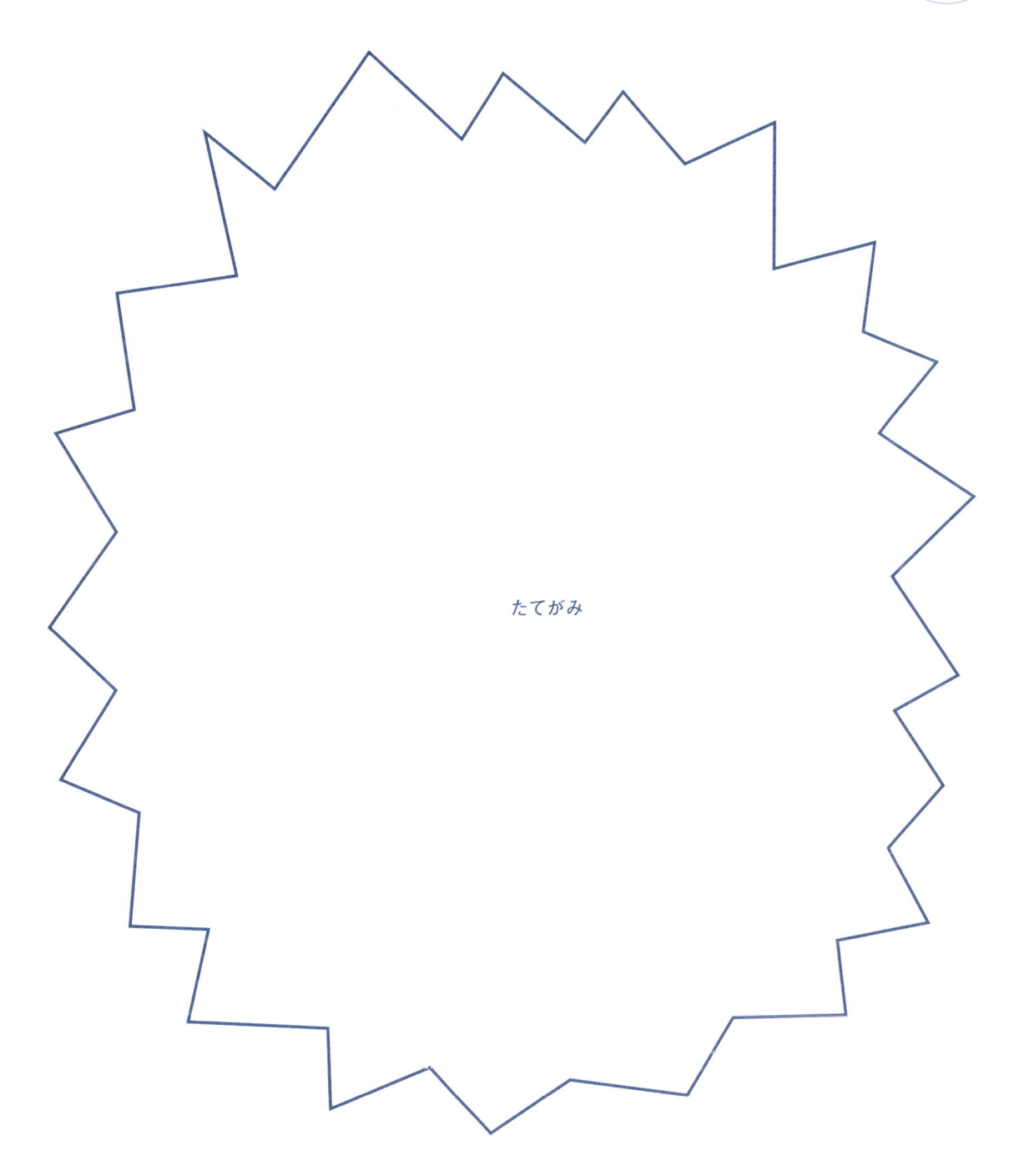

型紙3

たてがみ

アニマル集まれ！

㉕ かわいいリンゴちゃんのカード

●変形パターン

1.パーツをつくって仕上げます。

1.リンゴちゃんの型紙を2まいきります。

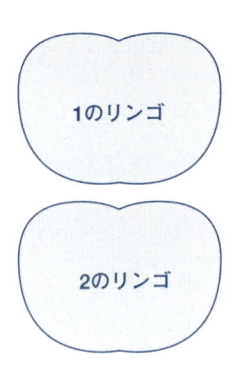

1のリンゴ

2のリンゴ

2.1のリンゴに目と口をはります。　　3.1のリンゴを半分に折ります。　　4.1のリンゴを2のリンゴにはります。

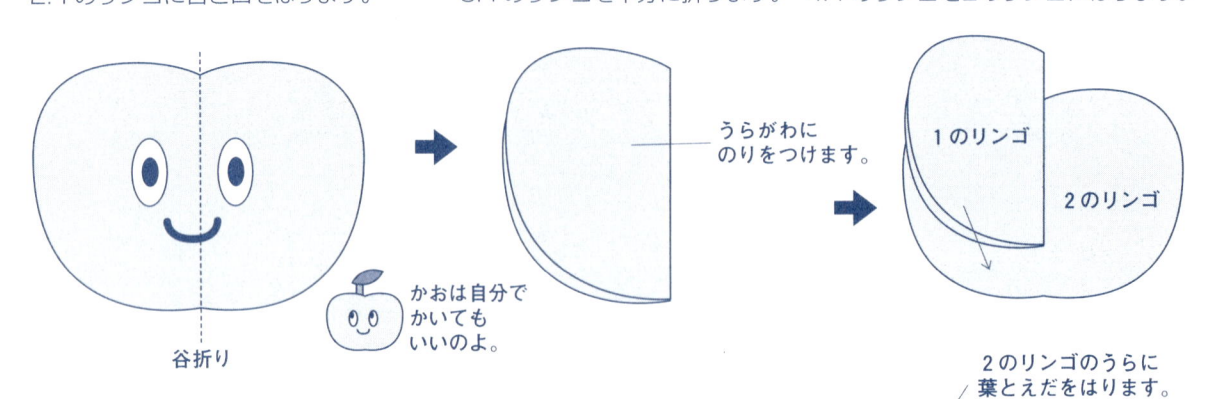

谷折り

かおは自分で
かいても
いいのよ。

うらがわに
のりをつけます。

1のリンゴ

2のリンゴ

2のリンゴのうらに
葉とえだをはります。

5.リンゴのなかみをはります。

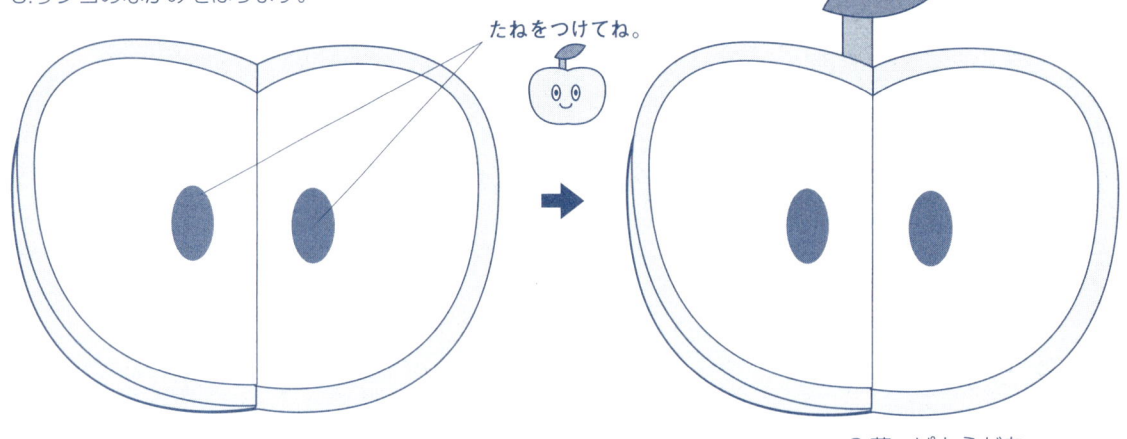

たねをつけてね。

6.葉っぱとえだを、
2のリンゴのうらにはります。

できあがり

ぱくぱくカード

型紙

えだ

葉

2まいつくります。

目

口

リンゴのなかみ

たね

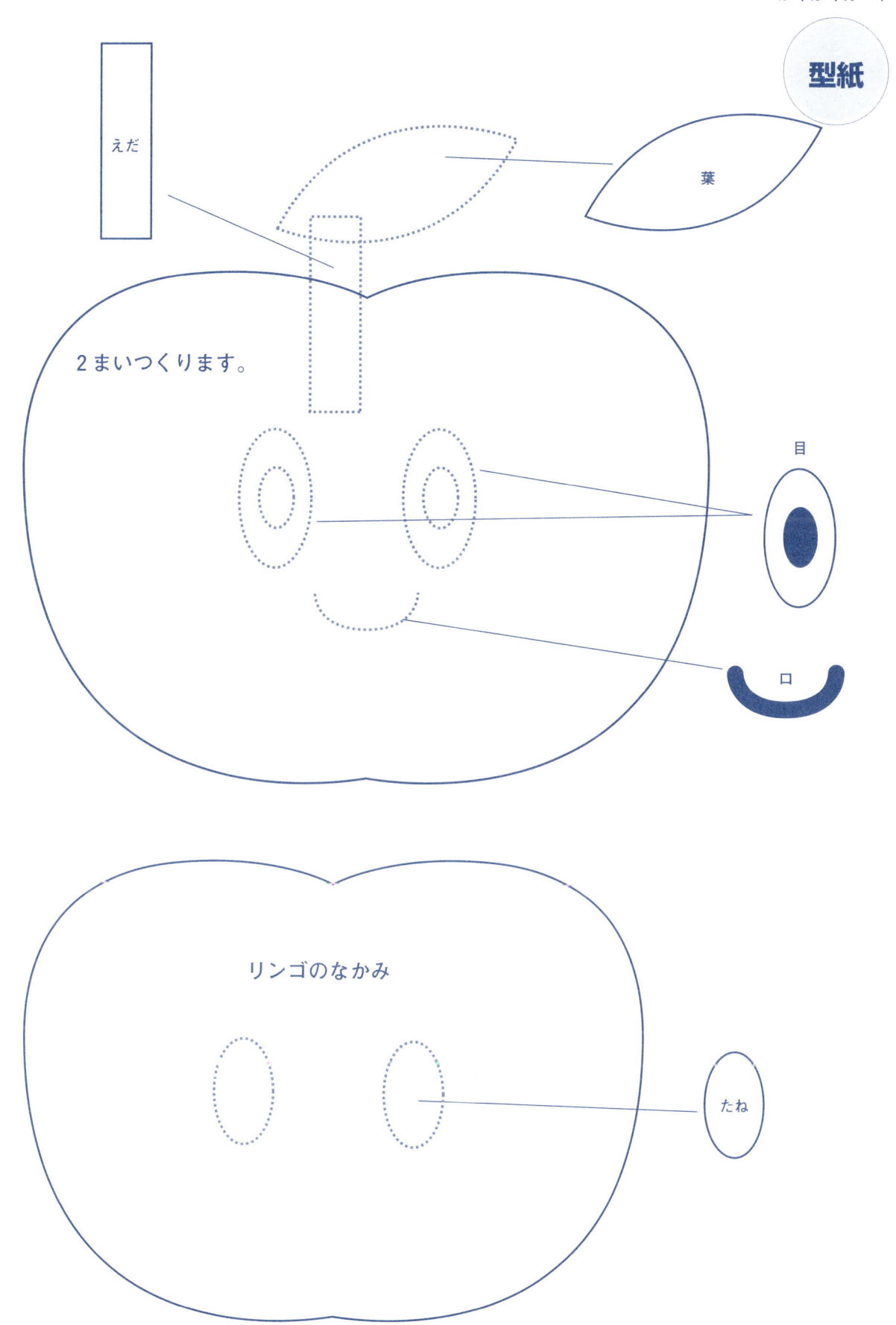

㉖ ぱくぱく カバさんのカード

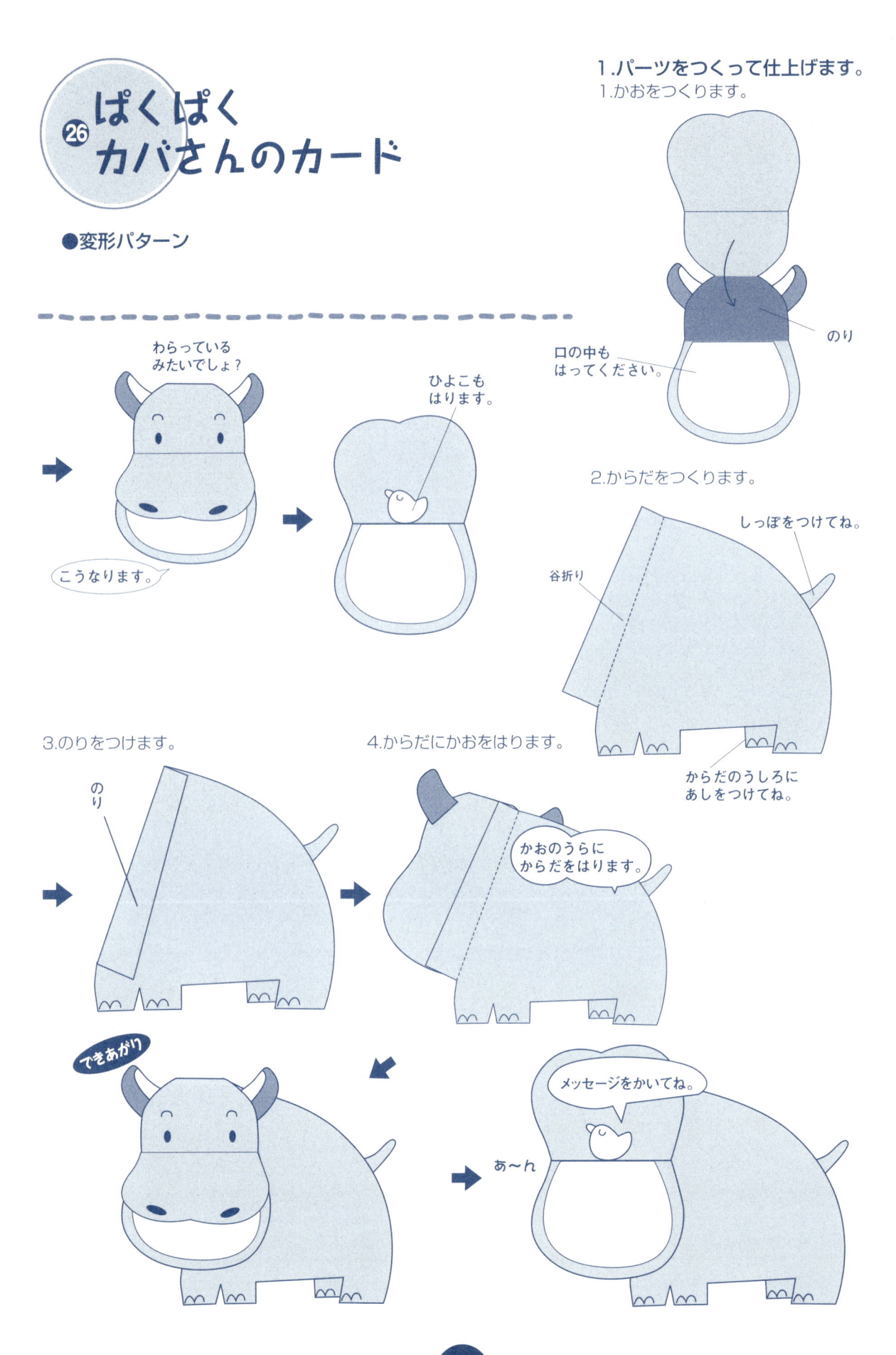

●変形パターン

1. パーツをつくって仕上げます。
1. かおをつくります。

口の中もはってください。　のり

わらっているみたいでしょ？

こうなります。

ひよこもはります。

2. からだをつくります。

谷折り　　しっぽをつけてね。

からだのうしろにあしをつけてね。

3. のりをつけます。

のり

4. からだにかおをはります。

かおのうらにからだをはります。

できあがり

メッセージをかいてね。

あ～ん

ぱくぱくカード

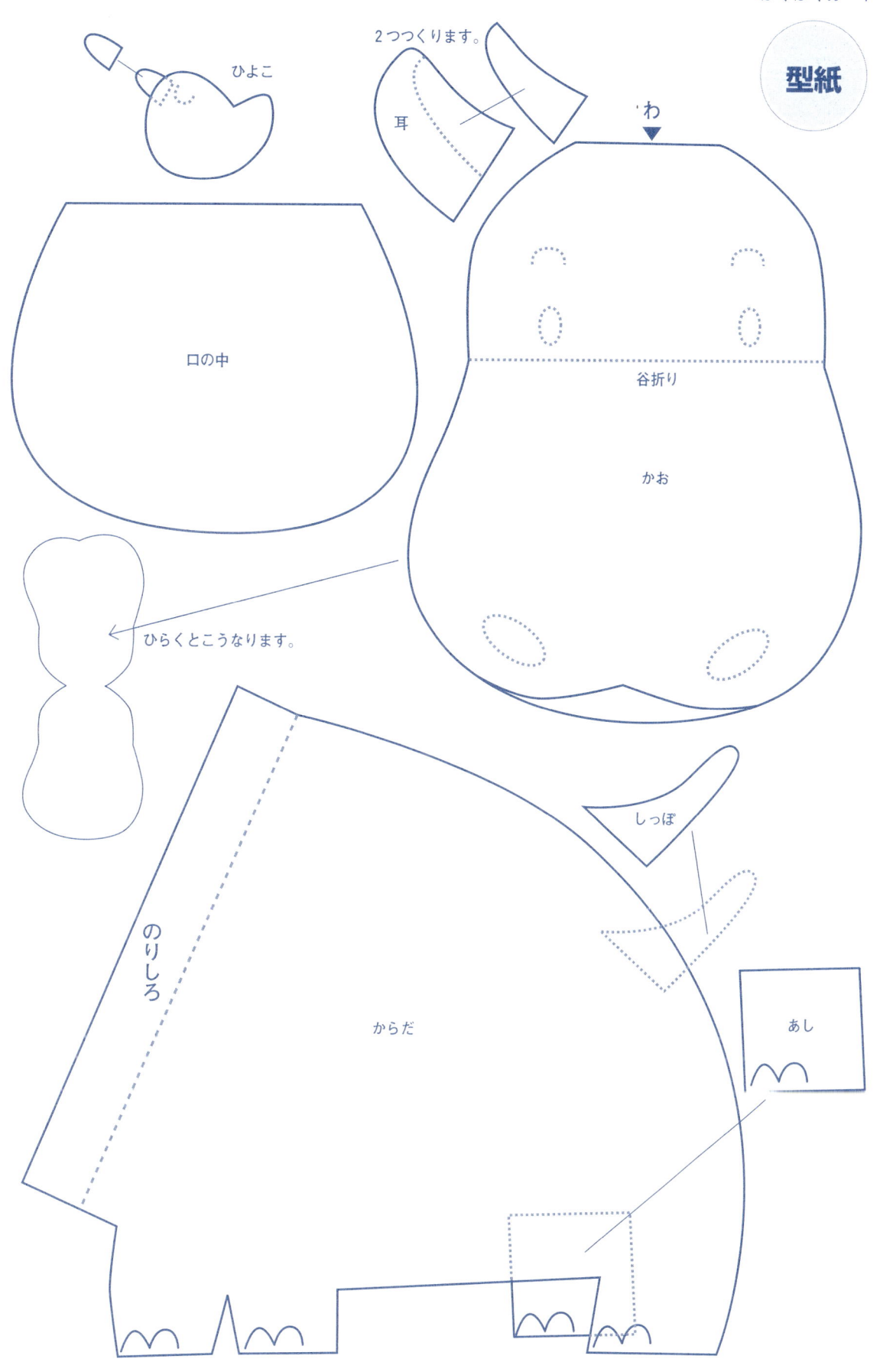

型紙

ひよこ

2つつくります。
耳

わ ▼

口の中

かお
谷折り

ひらくとこうなります。

しっぽ

のりしろ

からだ

あし

73

㉗ ぱくぱく ワニさんのカード

● 変形パターン

---

1. パーツをつくって仕上げます。

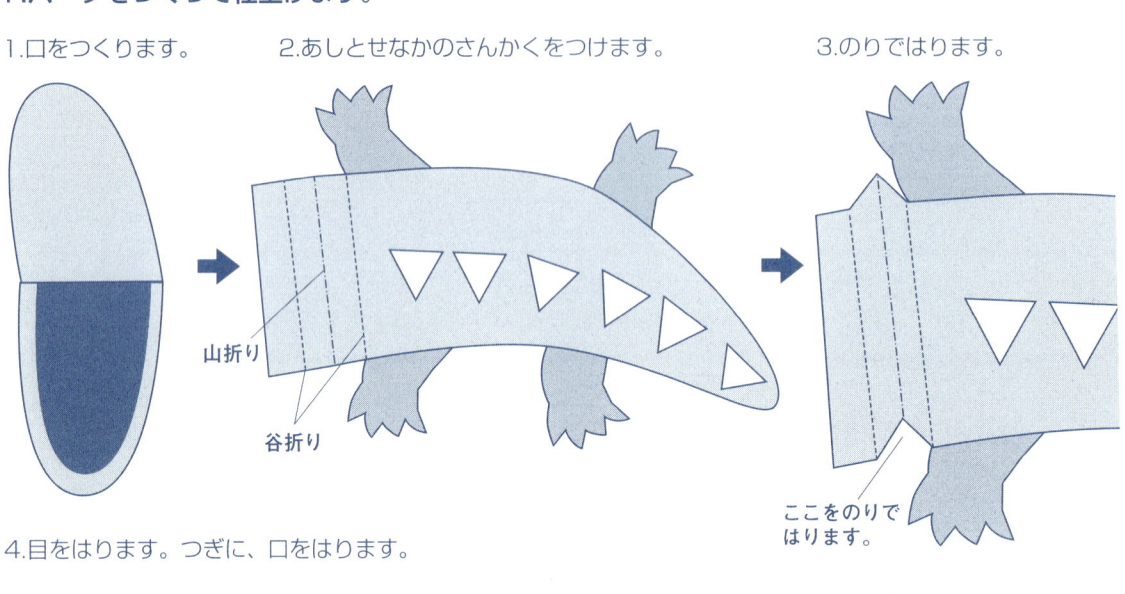

1. 口をつくります。　　2. あしとせなかのさんかくをつけます。　　3. のりではります。

山折り
谷折り

ここをのりではります。

4. 目をはります。つぎに、口をはります。

のり

できあがり

メッセージをかいてね。

ぱくぱくカード

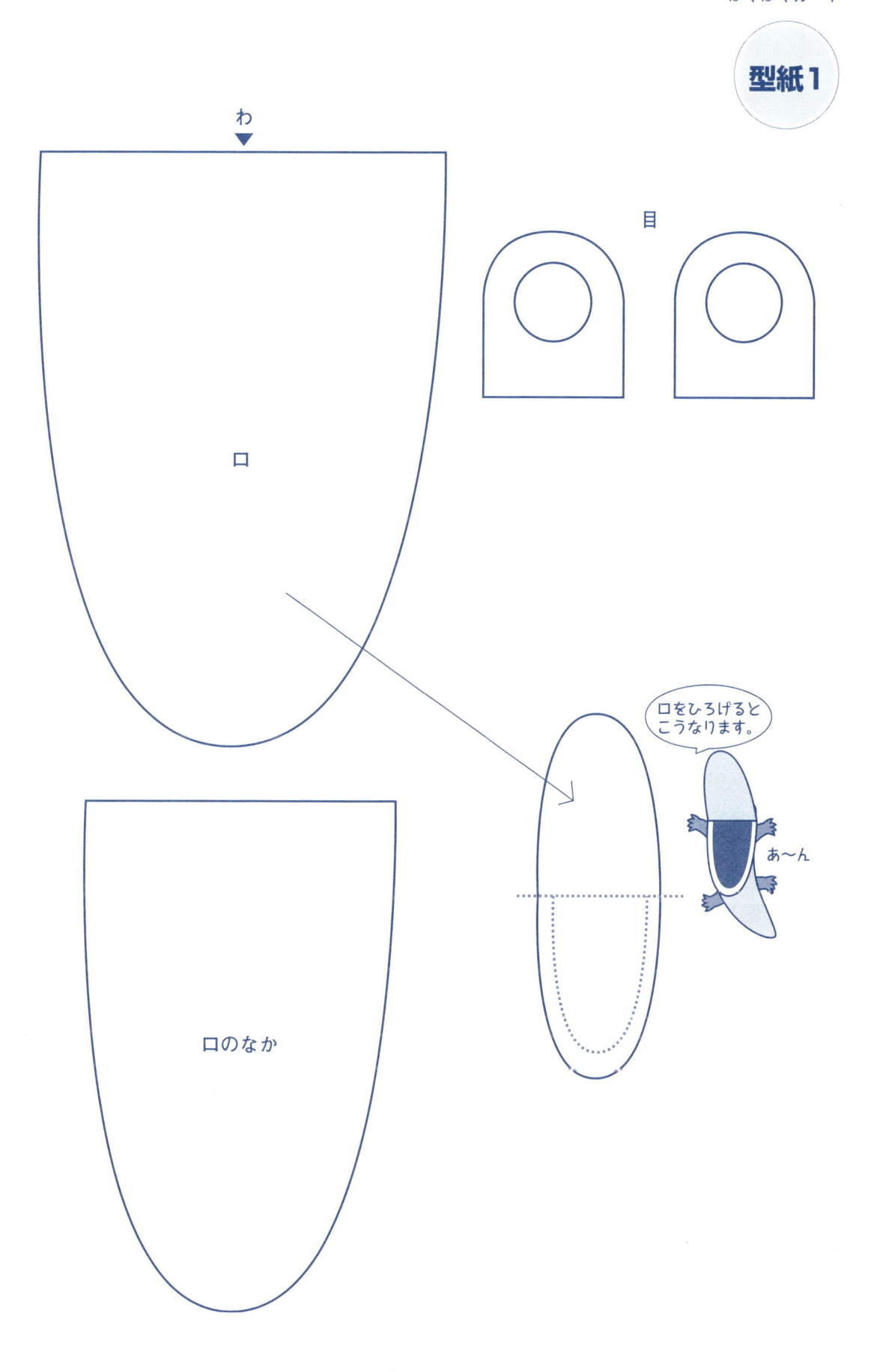

型紙1

わ
▼

口

目

口のなか

口をひろげると
こうなります。

あ〜ん

型紙2

手1

手2

手4

手3

手は4つつくってください。

さんかくも6こくらいかな。

ぱくぱくカード

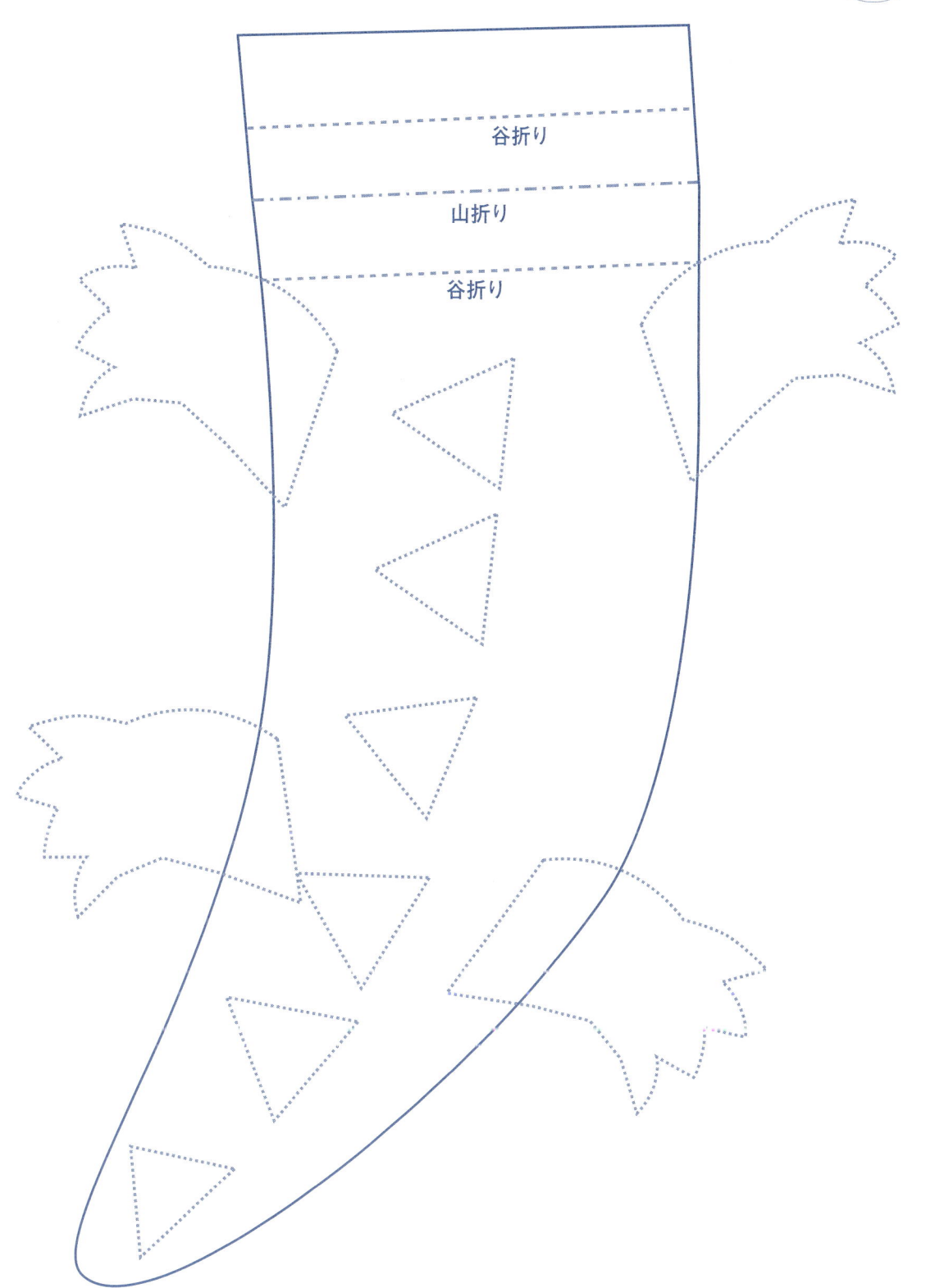

型紙3

谷折り
山折り
谷折り

28 ティータイム カップちゃんのカード

● Aパターン

1. パーツをつくります。

1. カップちゃんをつくります。
2. お茶をはります。
3. ゆげをはります。
4. くきと葉をつくります。
5. お花をはります。

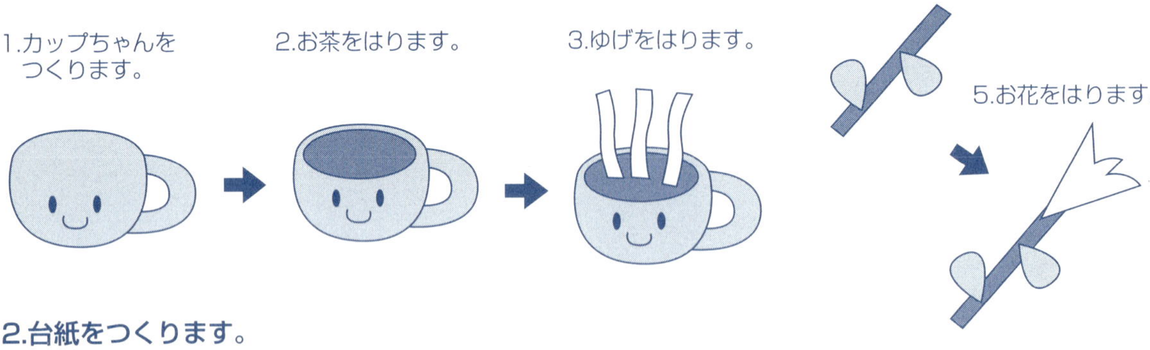

2. 台紙をつくります。

1. 台紙を半分に折ってきりこみをいれます。
   2cm / 2cm / 2cm / 1cm / 内台紙
2. 折りこみます。
   内台紙
3. 開いてとびださせます。
   内台紙

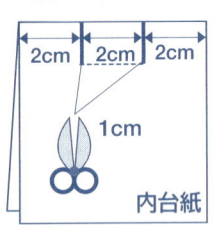

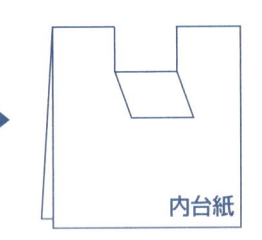

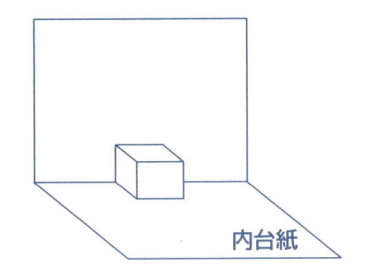

3. 仕上げをします。

1. 内台紙に外台紙をはりあわせます。
   外台紙 / 内台紙
2. パーツをはっていきます。
   お花をはってね。

ちょっときゅうけいしましょう。

できあがり

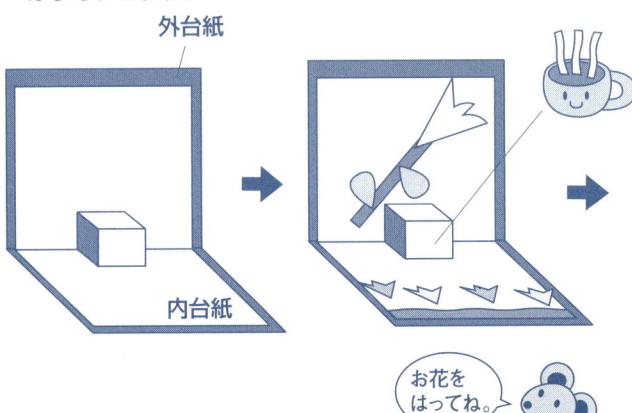

かわいいミニカード

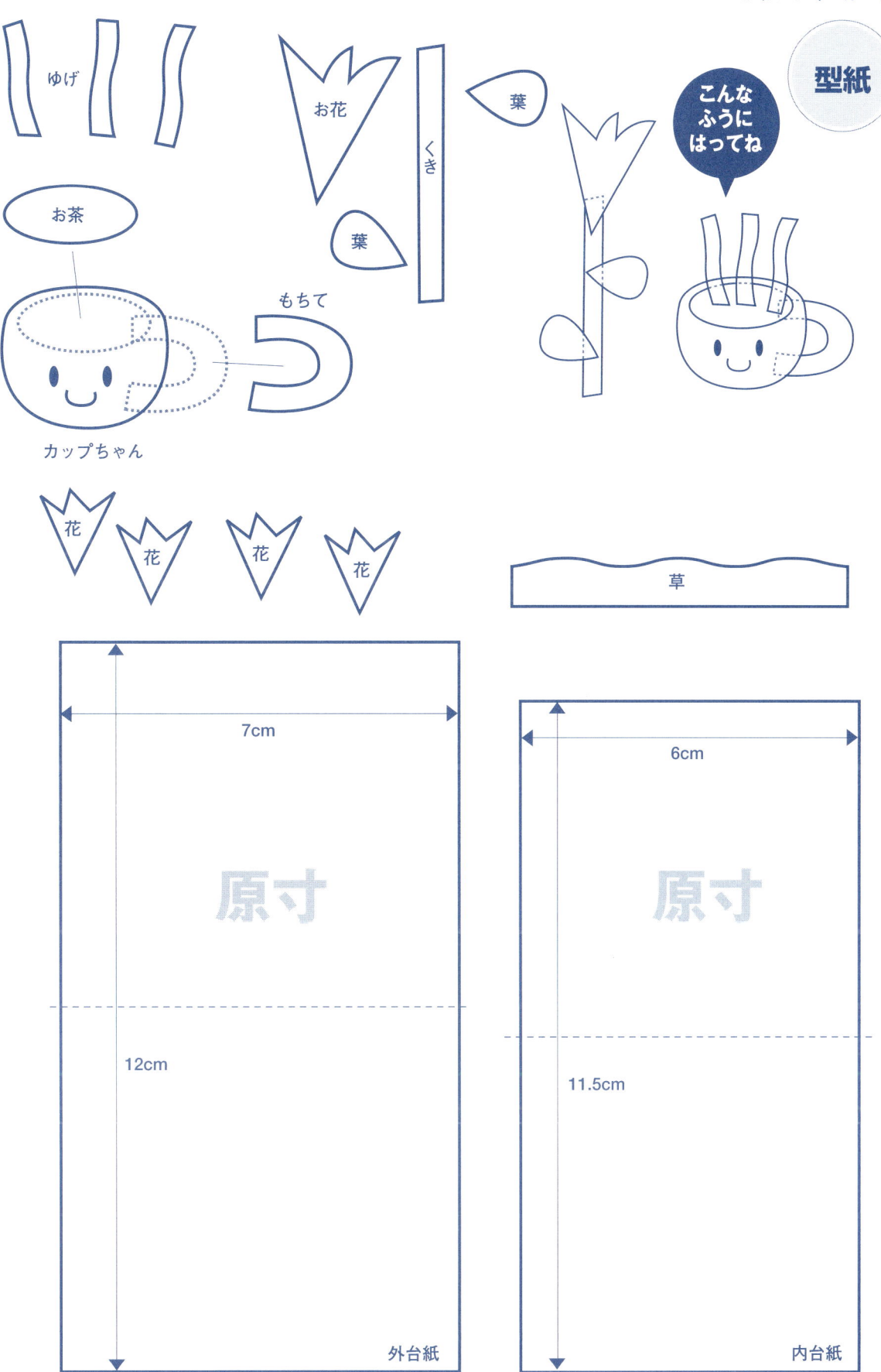

型紙

ゆげ

お花

葉

くき

葉

こんなふうにはってね

お茶

もちて

カップちゃん

花　花　花　花

草

7cm

原寸

12cm

外台紙

6cm

原寸

11.5cm

内台紙

㉙ クリスマス雪だるまのカード

● Aパターン

1. パーツをつくります。

1. ツリーを2つつくります。

2. 雪だるまをつくります。

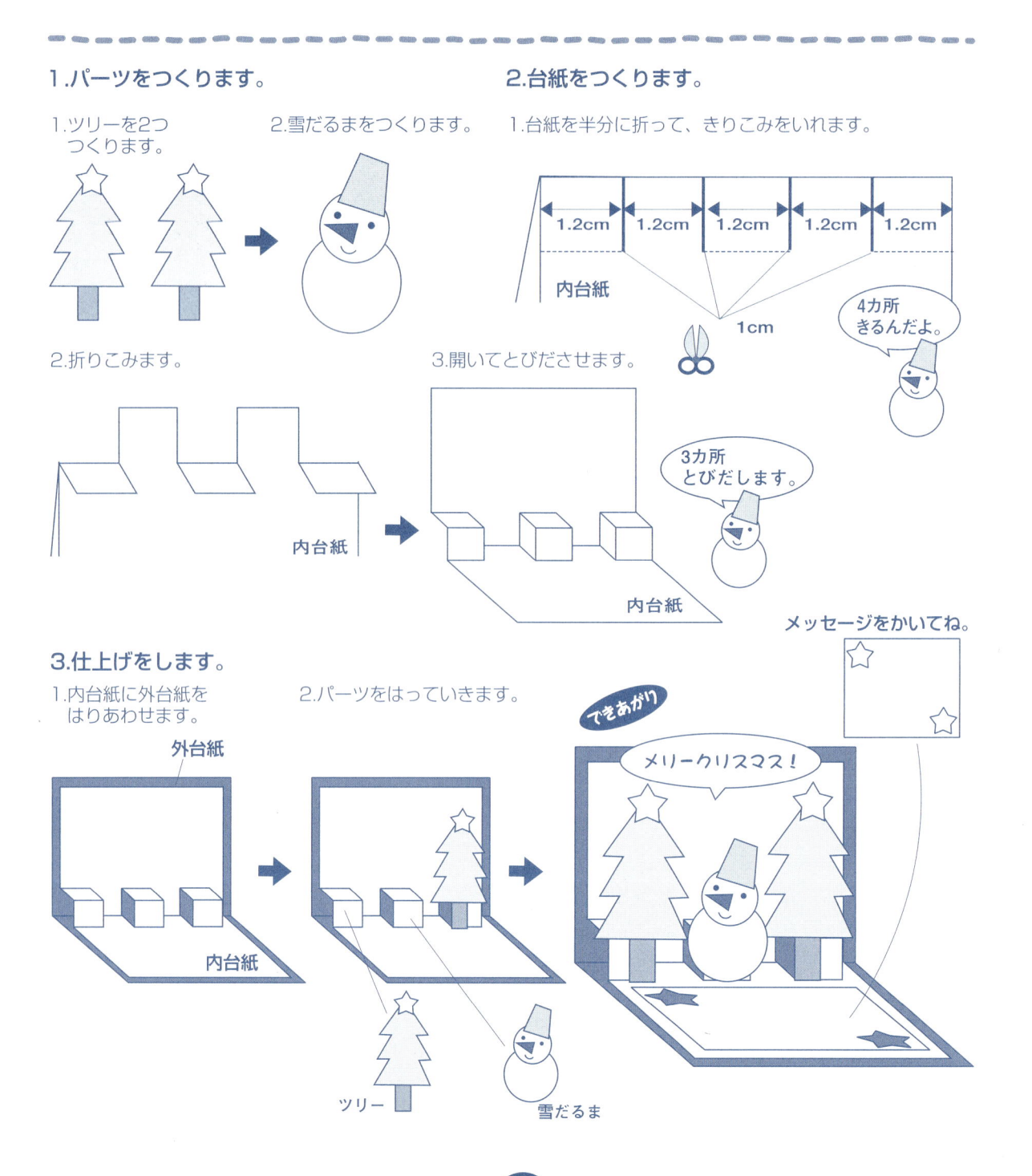

2. 折りこみます。

内台紙

2. 台紙をつくります。

1. 台紙を半分に折って、きりこみをいれます。

1.2cm 1.2cm 1.2cm 1.2cm 1.2cm

内台紙　　　1cm

4カ所きるんだよ。

3. 開いてとびださせます。

3カ所とびだします。

内台紙

3. 仕上げをします。

1. 内台紙に外台紙をはりあわせます。

外台紙
内台紙

2. パーツをはっていきます。

ツリー　雪だるま

できあがり

メリークリスマス！

メッセージをかいてね。

かわいいミニカード

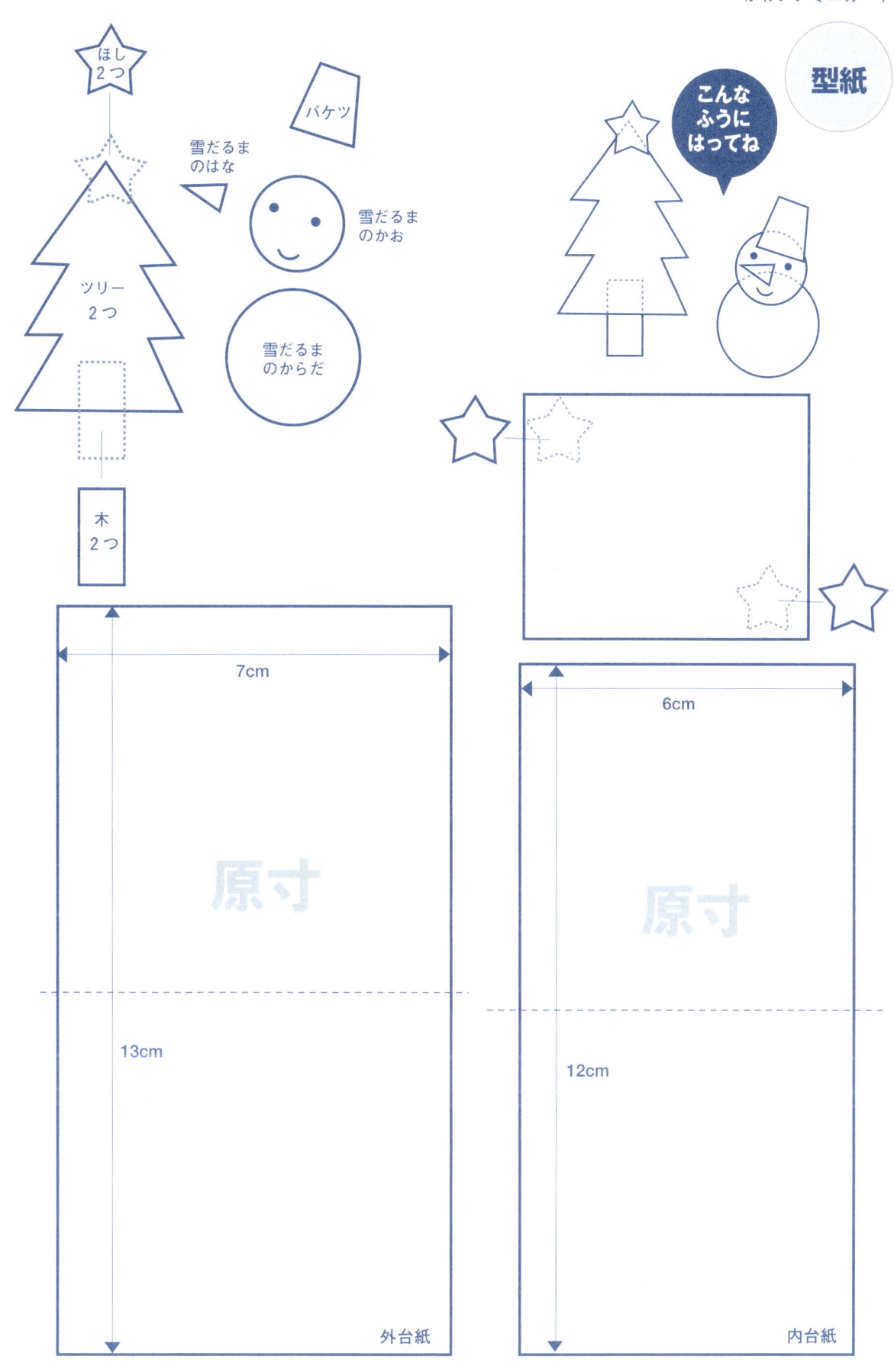

型紙

こんなふうにはってね

ほし2つ
バケツ
雪だるまのはな
雪だるまのかお
ツリー2つ
雪だるまのからだ
木2つ

7cm

原寸

13cm

外台紙

6cm

原寸

12cm

内台紙

㉚ かわいい おうちカード

● Aパターン

1. パーツをつくります。

1. おうちをつくります。
2. お花をつくります。

2. 台紙をつくります。

1. 内台紙を半分に折って、きりこみをいれます。

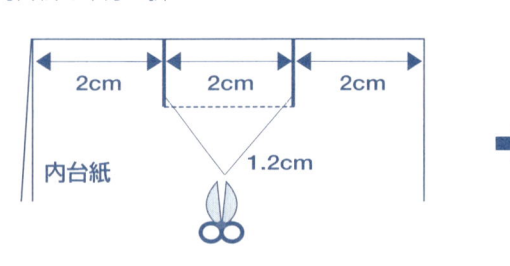

2cm　2cm　2cm
内台紙　1.2cm

2. 折りこみます。
内台紙

3. 開いてとびださせます。
内台紙

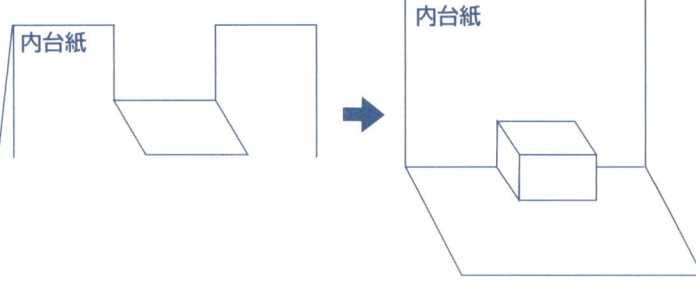

3. 折って、屋根がでたところをきりとります。
きりとる

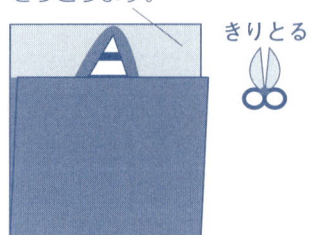

3. 仕上げをします。

1. 内台紙に外台紙をはりあわせます。
外台紙
内台紙

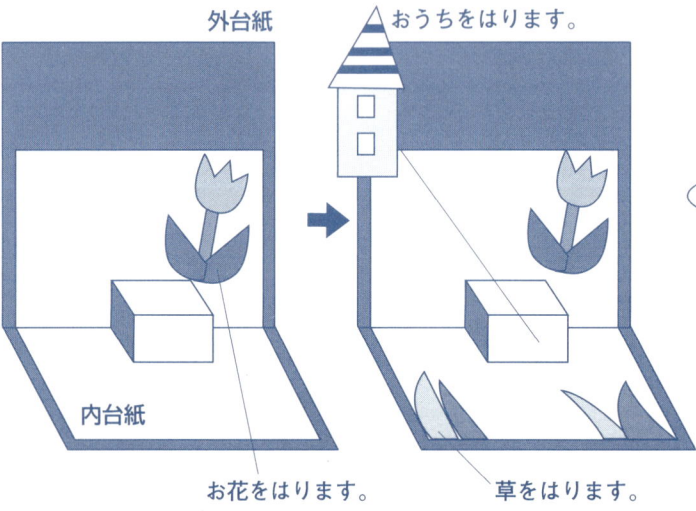

2. パーツをはっていきます。
おうちをはります。
お花をはります。
草をはります。

ポイントにはってね。

あそびにきてください。

できあがり

あそびにきてください。

かわいいミニカード

型紙

きりとる

やね

ほし

いえ　まど

はな

くき

葉　葉

こんなふうにはってね

草　草　草　草

最後にきりとる。

7cm

原寸

13.6cm

外台紙

6cm

原寸

10cm

内台紙

㉛ はたのある おうちカード

● Bパターン

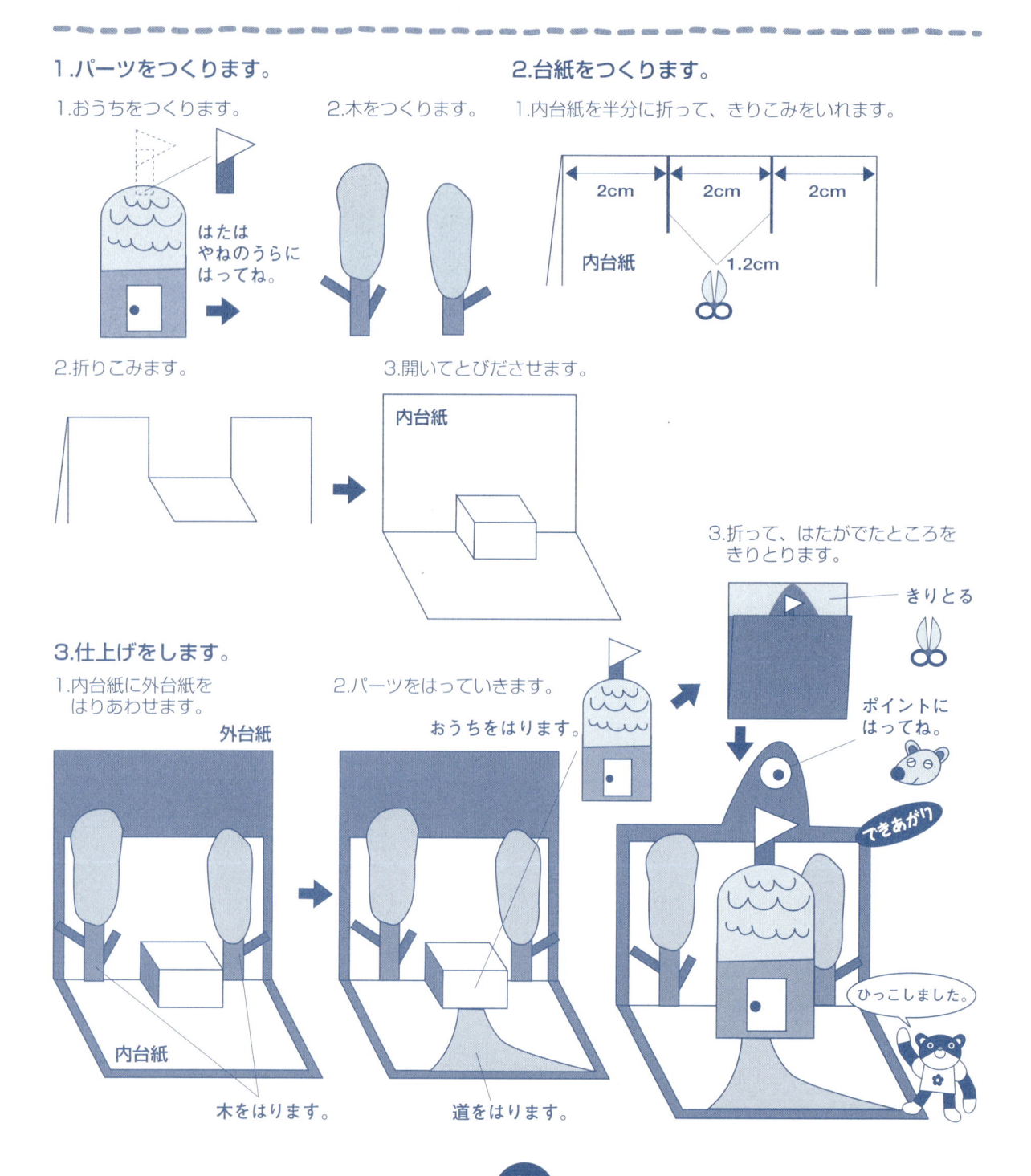

1. パーツをつくります。

1. おうちをつくります。

はたは やねのうらに はってね。

2. 木をつくります。

2. 台紙をつくります。

1. 内台紙を半分に折って、きりこみをいれます。

2cm　2cm　2cm
内台紙
1.2cm

2. 折りこみます。

3. 開いてとびださせます。

内台紙

3. 仕上げをします。

1. 内台紙に外台紙をはりあわせます。

外台紙
内台紙
木をはります。

2. パーツをはっていきます。

おうちをはります。
道をはります。

3. 折って、はたがでたところをきりとります。

きりとる

ポイントにはってね。

できあがり

ひっこしました。

かわいいミニカード

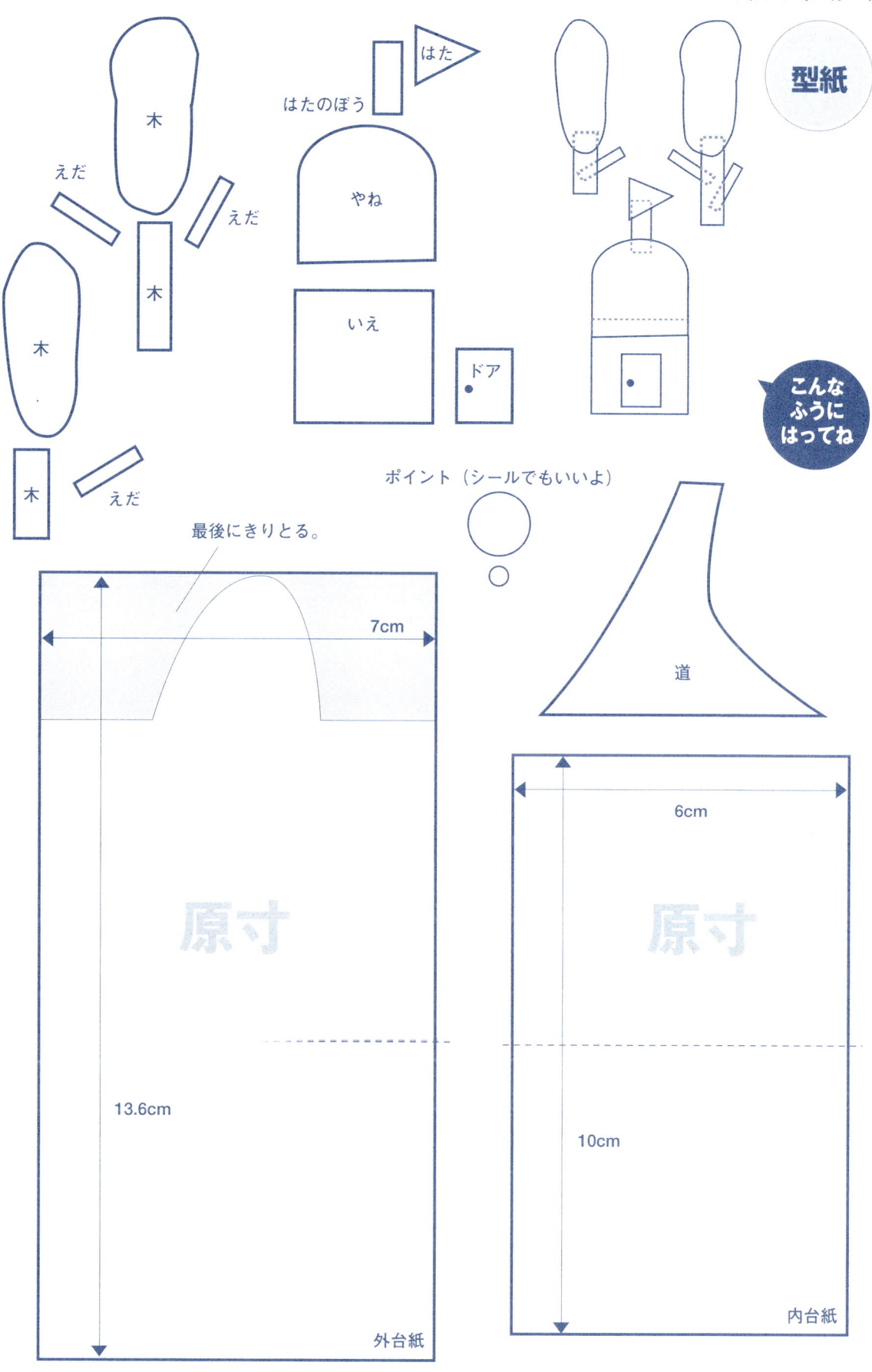

型紙

木
えだ
えだ
木
木
木
えだ

はた
はたのぼう
やね
いえ
ドア

こんな
ふうに
はってね

ポイント（シールでもいいよ）

最後にきりとる。

7cm

道

6cm

原寸

原寸

13.6cm

10cm

外台紙

内台紙

㉜ ぷくぷく さかなちゃんカード

● Aパターン

1.パーツをつくります。

1.さかなちゃんをつくります。

さかなちゃんの もようは 自分でかいてね。

かわいくかいてね。

2.台紙をつくります。

1.内台紙を半分に折って、きりこみをいれます。

内台紙　←2cm→　←1cm→
1cm　　1.2cm

2.折りこみます。

内台紙

3.開いてとびださせます。

内台紙

ココ

すこし ななめに とびでます。

3.仕上げをします。

1.内台紙に外台紙をはりあわせます。

外台紙

内台紙

2.パーツをはっていきます。

さかなをはります。

できあがり

あわをはります。

ぷくぷく

さんごをはります。

かわいいミニカード

型紙

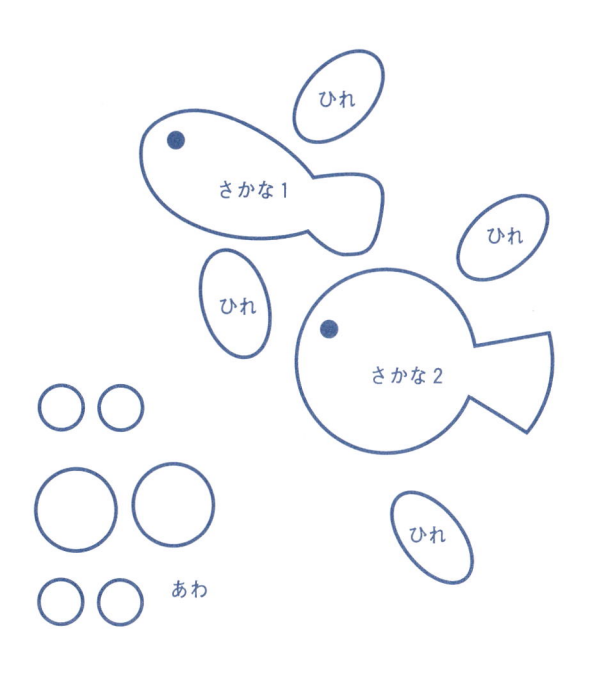

さかな1
ひれ
ひれ
ひれ
さかな2
ひれ
あわ

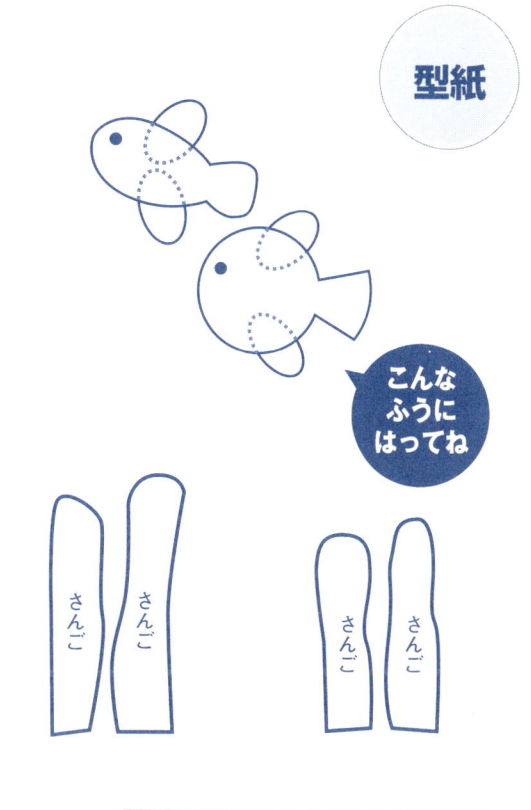

こんなふうにはってね

さんご　さんご　さんご　さんご

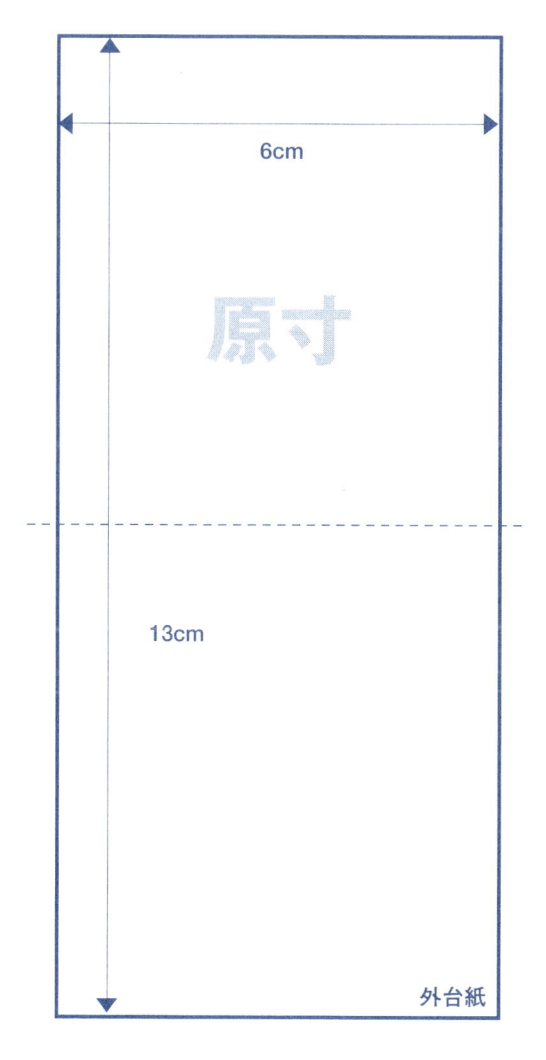

原寸　6cm　13cm　外台紙

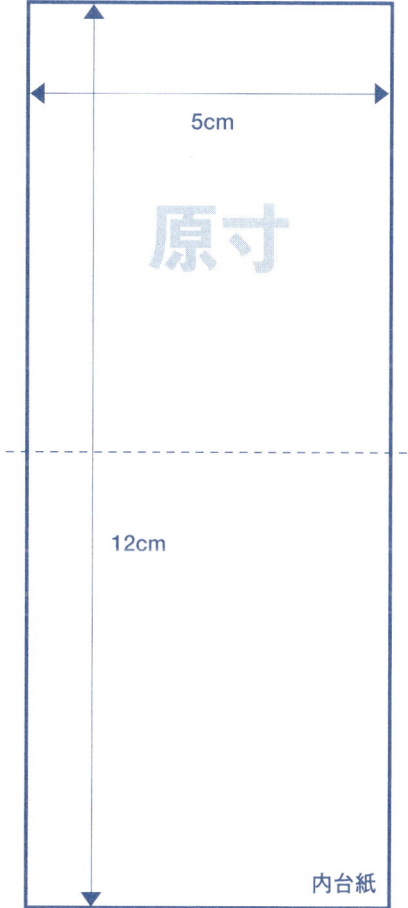

原寸　5cm　12cm　内台紙

㉝ 月夜のねこちゃんのカード

● Aパターン

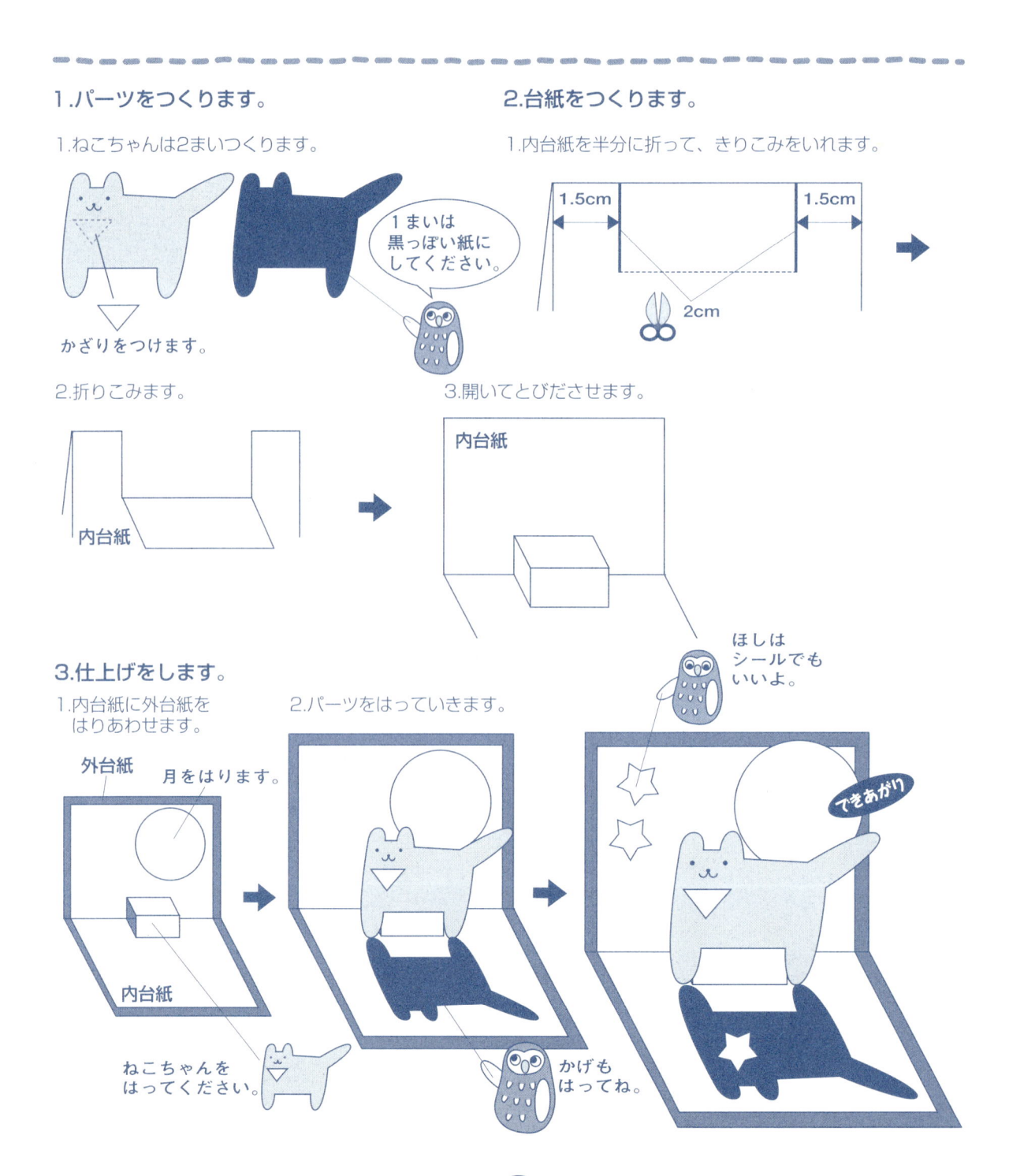

1. パーツをつくります。

1. ねこちゃんは2まいつくります。

かざりをつけます。

1まいは黒っぽい紙にしてください。

2. 折りこみます。

内台紙

2. 台紙をつくります。

1. 内台紙を半分に折って、きりこみをいれます。

1.5cm　1.5cm　2cm

3. 開いてとびださせます。

内台紙

3. 仕上げをします。

1. 内台紙に外台紙をはりあわせます。

外台紙　月をはります。

内台紙

ねこちゃんをはってください。

2. パーツをはっていきます。

かげもはってね。

ほしはシールでもいいよ。

できあがり

かわいいミニカード

型紙

かおは自分でかいてね。

ほし ほし ほし

ねこ

かざり

ねこ

月

8cm

原寸

16cm

外台紙

7cm

原寸

15cm

内台紙

㉞ ゆらゆらクリスマスカード

● 変形パターン

> このカードは、少しだけ糸をつかいます。

1. パーツをつくります。

1. ツリーをつくります。

はります。

2. 糸をつけます。

糸 / テープかのりでつけてください。

3. もう1まいを、はりあわせます。

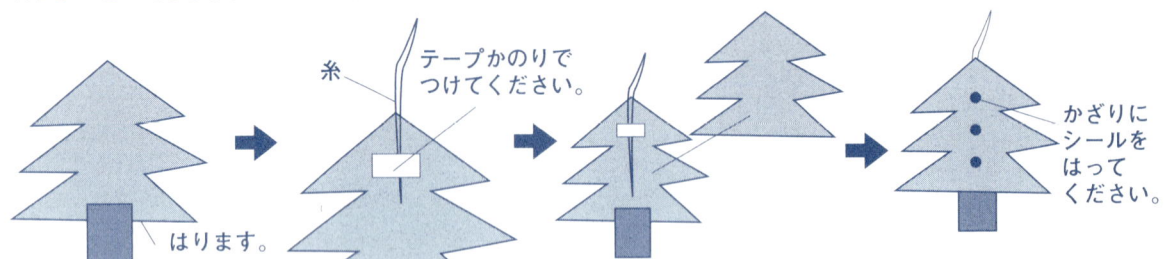

かざりにシールをはってください。

2. 台紙をつくります。

1. 半分に折って折りめをつけます。

2. 開いて、半分だけのりをつけてはりあわせます。

はりあわせる。

3. 2枚いっしょにきりとります。

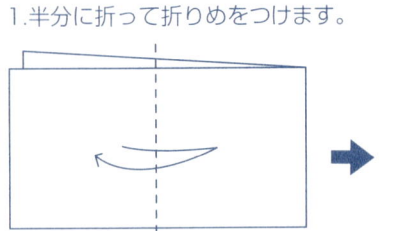

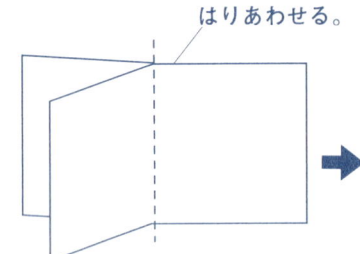

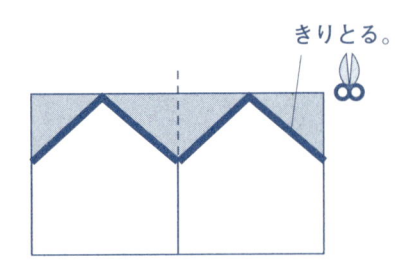

きりとる。

4. きりぬく型紙をあてて、2枚いっしょにカッターできりぬきます。

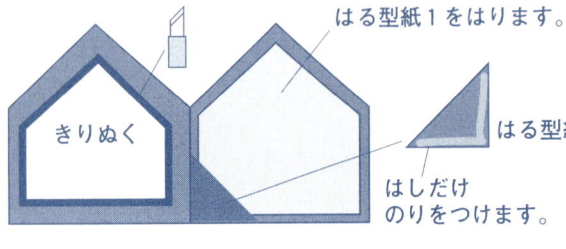

きりぬく

はる型紙1をはります。

はる型紙2

はしだけのりをつけます。

3. 仕上げます。

ツリーをはります。

のりをつけてはりあわせます。

ゆらゆら

できあがり

メリークリスマス！
お魚パーティーにきてください

メッセージカードをさしこんでね。

かわいいミニカード

型紙

ツリー　ツリー

木

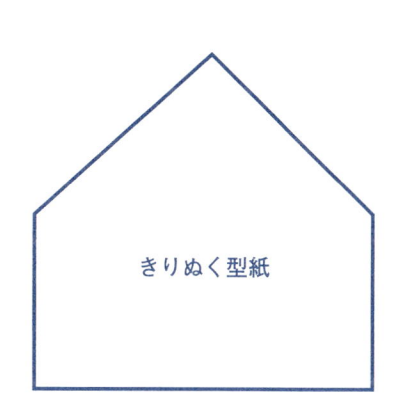

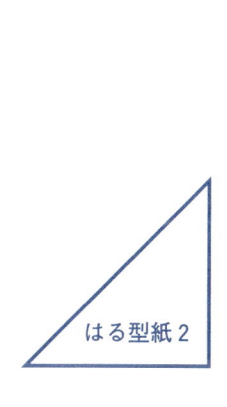

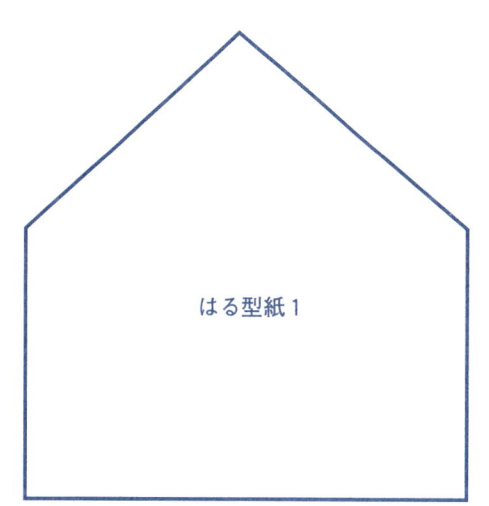

きりぬく型紙

はる型紙2

はる型紙1

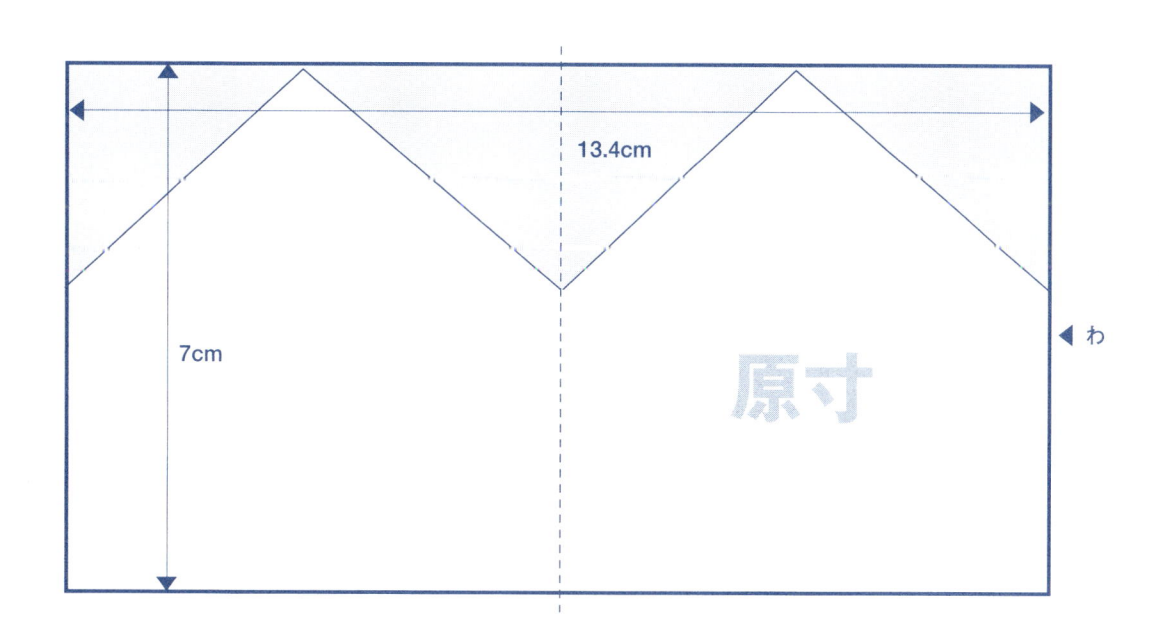

13.4cm

7cm

わ

原寸

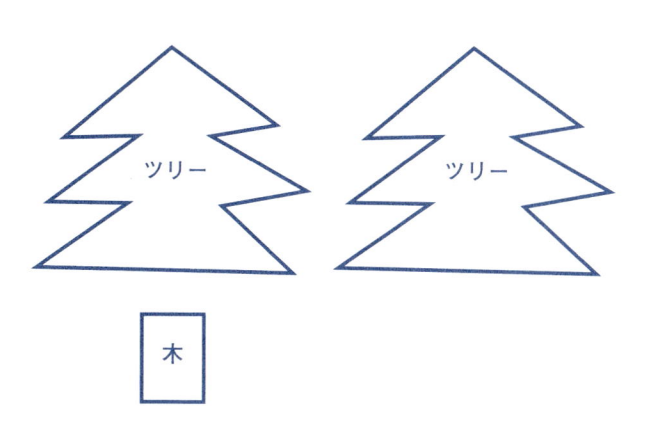

35 ゆらゆら ひよこカード

●変形パターン

このカードは、少しだけ糸をつかいます。

---

1. パーツをつくります。

1. ひよこをつくります。
   くちばしをはります。

2. 糸をつけます。
   糸 / テープかのりでつけてください。

3. もう1まいを、はりあわせます。
   目をかきます。

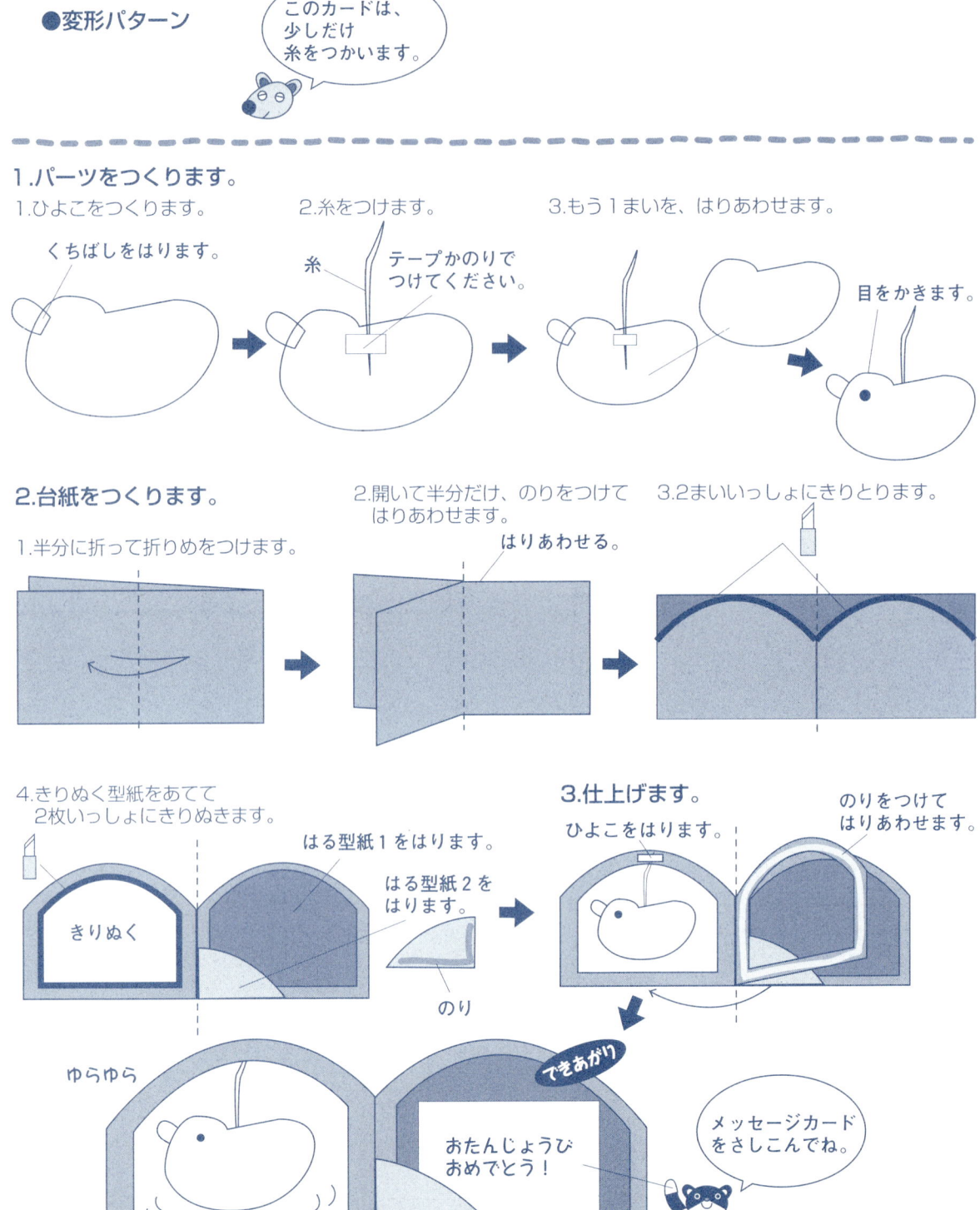

2. 台紙をつくります。

1. 半分に折って折りめをつけます。

2. 開いて半分だけ、のりをつけてはりあわせます。
   はりあわせる。

3. 2まいいっしょにきりとります。

4. きりぬく型紙をあてて2枚いっしょにきりぬきます。
   きりぬく
   はる型紙1をはります。
   はる型紙2をはります。
   のり

3. 仕上げます。

ひよこをはります。
のりをつけてはりあわせます。

ゆらゆら

おたんじょうびおめでとう！

できあがり

メッセージカードをさしこんでね。

かわいいミニカード

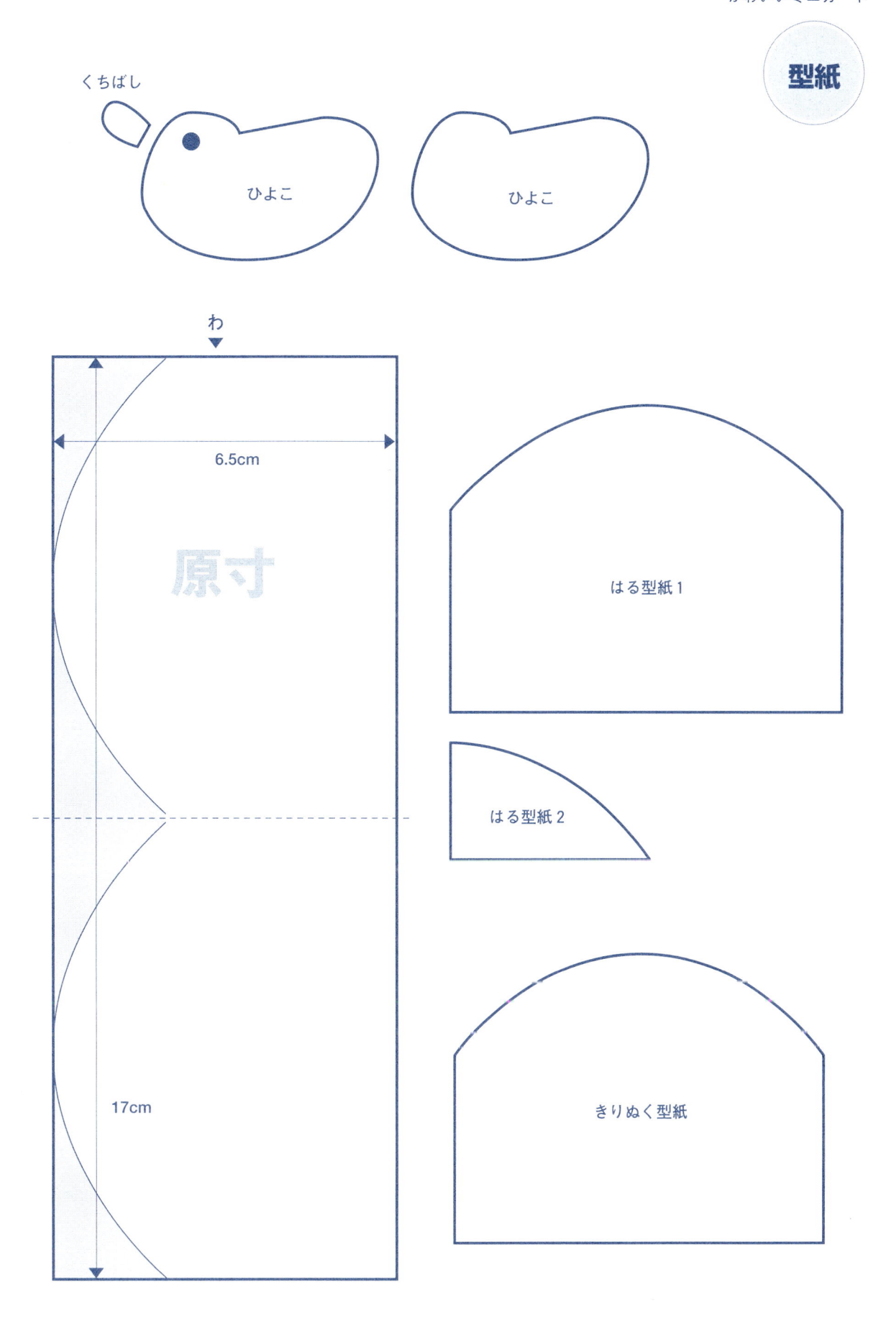

型紙

くちばし

ひよこ

ひよこ

わ

6.5cm

原寸

17cm

はる型紙1

はる型紙2

きりぬく型紙

㊱ ゆらゆら富士山カード

●変形パターン

このカードは、少しだけ糸をつかいます。

- -

1. パーツをつくります。

1. 富士山をつくります。　はります。

2. 糸をつけます。　糸　テープかのりでつけてください。

3. もう1まいを、はりあわせます。

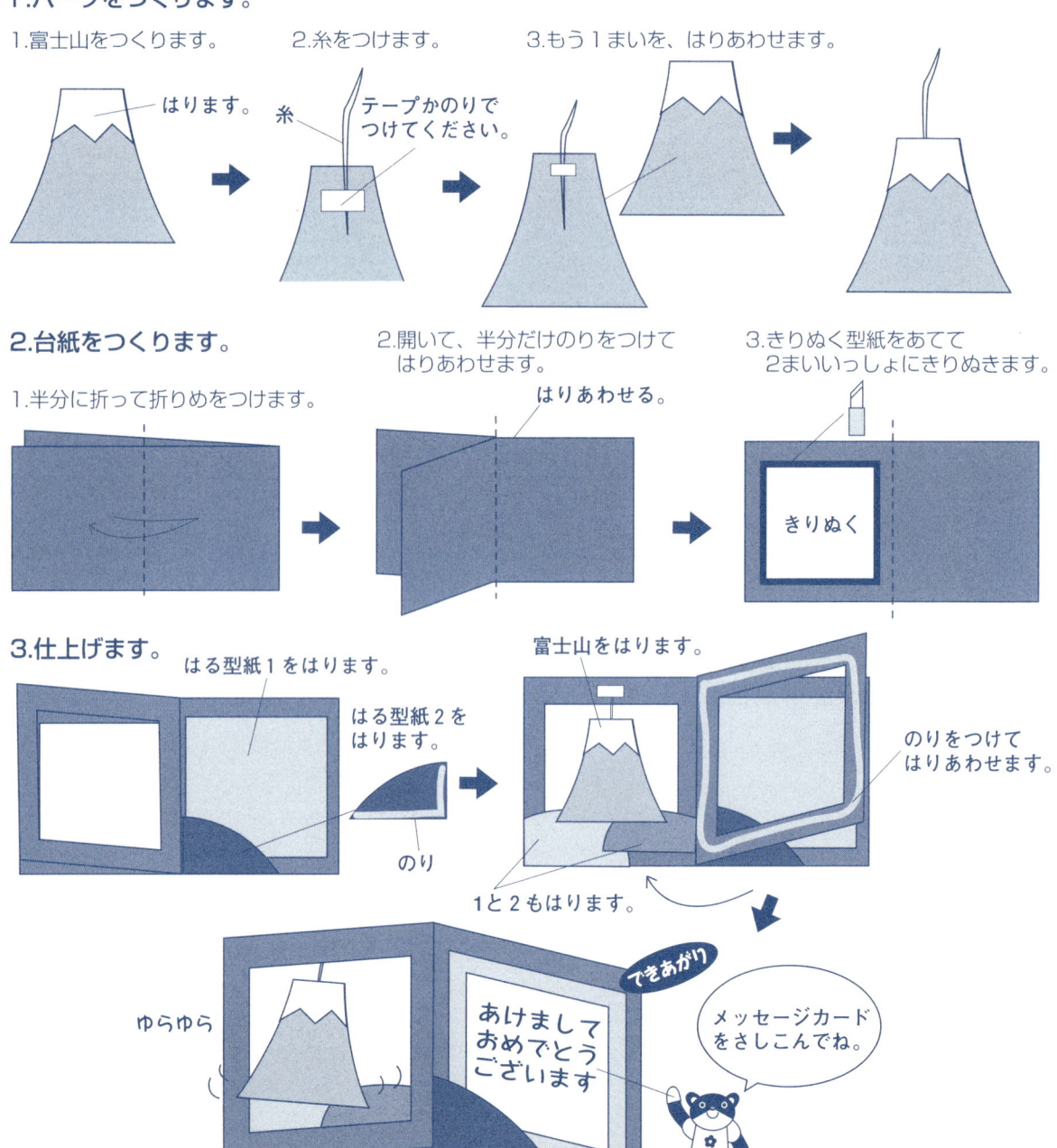

2. 台紙をつくります。

1. 半分に折って折りめをつけます。

2. 開いて、半分だけのりをつけてはりあわせます。　はりあわせる。

3. きりぬく型紙をあてて2まいいっしょにきりぬきます。　きりぬく

3. 仕上げます。

はる型紙1をはります。
はる型紙2をはります。
のり

富士山をはります。
のりをつけてはりあわせます。
1と2もはります。

ゆらゆら

できあがり
あけましておめでとうございます

メッセージカードをさしこんでね。

かわいいミニカード

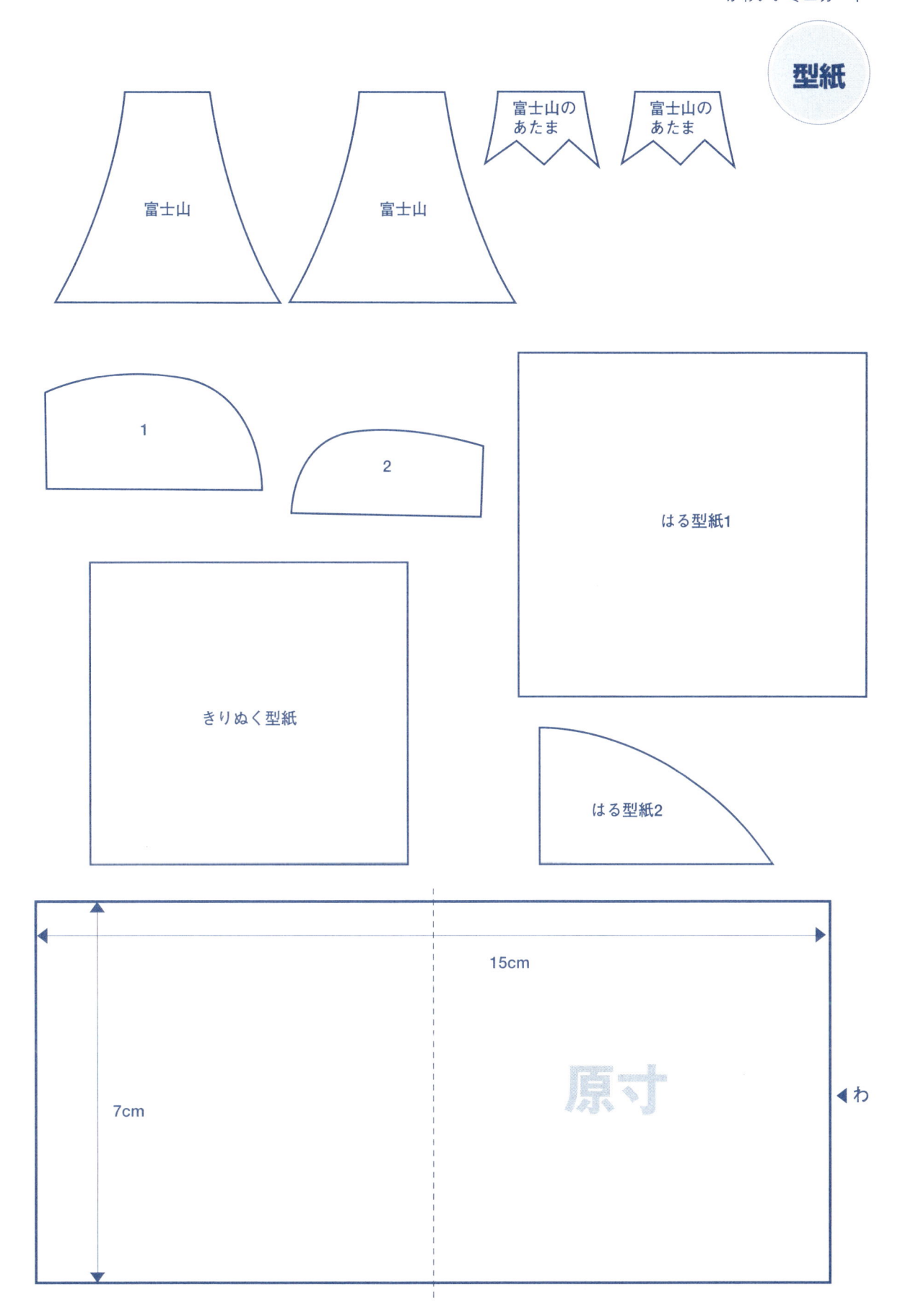

型紙

富士山

富士山

富士山の
あたま

富士山の
あたま

1

2

はる型紙1

きりぬく型紙

はる型紙2

15cm

7cm

原寸

◀わ

著者プロフィール

シマダチカコ

東京都中野区に生まれる。文化女子大学短期大学部生活造形学科卒業。出版社の広告宣伝部を経て、フリーのデザイナーに。ポスター、書籍、カタログのデザインなどをてがけるほか、ポップアップカードなど、簡単にすぐにできる工作教室を全国各地で開いている。
著書に、『かんたん手づくりポップアップカード わくわく動物園』（2010年3月刊、子どもの未来社）『かんたん手作りかわいいポップアップミニカード』（2015年10月刊、子どもの未来社）がある。
2016年2月現在、神奈川県中郡二宮町在住。

DTP■伊藤琢二／装丁■渡辺美知子

かんたん手づくり　ポップアップカード

2009年7月31日　第1刷発行
2016年3月1日　第4刷発行

著　者　シマダチカコ
発行者　奥川　隆
発行所　子どもの未来社
　　　〒113-0033　東京都文京区本郷3-26-1-4F
　　　電話 03(3830)0027　FAX 03(3830)0028
　　　振替 00150-1-553485
　　　E-mail：co-mirai@f8.dion.ne.jp　http://www.ab.auone-net.jp/~co-mirai
印刷・製本　株式会社シナノ

Ⓒ シマダチカコ 2009
Printed in Japan

ISBN978-4-901330-97-8　C0037

■定価はカバーに表示してあります。落丁・乱丁の際はお取り替えいたします。
■本書の全部または一部の無断での複写（コピー）・複製・転訳および磁気または光記録媒体への入力等を禁じます。複写等を希望される場合は、弊社著作権管理部にご連絡ください。